*Laura Goodrich*

# Veja Carros Vermelhos

*Laura Goodrich*

# Veja Carros Vermelhos

Tradução
Fátima Santos

Revisão Técnica
Volney Faustini

1ª edição

best.
business

Rio de Janeiro | 2012

CIP-BRASIL. CATALOGAÇÃO-NA-FONTE
SINDICATO NACIONAL DOS EDITORES DE LIVROS, RJ

G655v  Goodrich, Laura
Veja carros vermelhos / Laura Goodrich; tradução: Fátima Santos.
— Rio de Janeiro: Best Business, 2012.

Tradução de: Seeing Red Cars
ISBN 978-85-7684-553-9

1. Desenvolvimento organizacional. 2. Comportamento organizacional.
3. Eficiência organizacional. I. Título.

11-3130.                                              CDD: 658.4063
                                                      CDU: 005.332.3

Texto revisado segundo o novo Acordo Ortográfico da Língua Portuguesa.

Título original norte-americano
**SEEING RED CARS**
Copyright © 2011 by Laura Goodrich
Copyright da tradução © 2012 by Editora Best*Seller* Ltda.

Publicado mediante acordo com Berrett-Koehler Publishers, São Francisco

Capa: Sérgio Carvalho
Editoração eletrônica:
Ilustrarte Design e Produção Editorial
Todos os direitos reservados. Proibida a reprodução,
no todo ou em parte, sem autorização prévia por escrito da editora,
sejam quais forem os meios empregados.

Direitos exclusivos de publicação em língua portuguesa para o Brasil
adquiridos pela Editora Best Business um selo da Editora Best Seller Ltda.
Rua Argentina, 171, parte, São Cristóvão
Rio de Janeiro, RJ — 20921-380
que se reserva a propriedade literária desta tradução

Impresso no Brasil

ISBN 978-85-7684-553-9

Seja um leitor preferencial Record.
Cadastre-se e receba informações sobre nossos lançamentos e nossas promoções.

Atendimento e venda direta ao leitor
mdireto@record.com.br ou (21) 2585-2002

*Este livro é dedicado a meu marido, Rick, o homem mais motivador e honrado que já conheci, e a meus filhos maravilhosos, Madi e Judd, que me inspiram todos os dias.*

# Sumário

**Prefácio** — 9

**Introdução** — 15
Concentre-se no que você quer

**Capítulo 1** — 29
Por que nos concentramos no que não queremos

**Capítulo 2** — 49
Reprograme seu cérebro para obter melhores resultados

**Capítulo 3** — 62
Aja de acordo com seus pontos fortes e controle o que você pode

**Capítulo 4** — 85
Sintonize-se e assuma o controle

**Capítulo 5**     **104**
    Crie "Eu quero" pessoais

**Capítulo 6**     **130**
Crie "Eu quero" profissionais

**Capítulo 7**     **159**
Transforme ações em resultados

**Capítulo 8**     **174**
Dirija Carros Vermelhos para a massa crítica

**Conclusão**     **187**
Tudo começa com *você*

"Gatilhos" visuais, auditivos e táteis de
    *Veja carros vermelhos*     **190**
Resumo do Conjunto de Ferramentas
    Carros Vermelhos     **192**
**Agradecimentos**     **194**
**Notas**     **200**

# Prefácio

*Veja carros vermelhos* é uma metáfora para concentrar-se no que você quer. Ela funciona como um ativador visual para lembrá-lo dos resultados positivos pelos quais você está se esforçando e para trazê-lo de volta ao presente quando você se desvia do caminho, concentrando-se novamente no que quer nos campos pessoal e profissional. Este livro se baseia em mais de 15 anos de lições aprendidas ao trabalhar com pessoas, equipes e empresas que enfrentavam problemas ao viverem e trabalharem em tempos de mudança dinâmica. Para ajudar essas e outras empresas a lidarem melhor com os seus desafios, meu parceiro Greg Stiever e eu produzimos o eficaz filme *Veja carros vermelhos*, que, no momento em que escrevo, já está sendo usado por mais de quinhentos treinadores, instrutores e consultores no mundo inteiro como parte de seu currículo de treinamento ou para consolidar o foco positivo e o envolvimento dos funcionários quando estes estão lançando iniciativas de mudança importantes. Este livro aprofunda ainda mais a atitude mental positiva *Veja carros vermelhos* e o guiará para fazer mudanças intencionais que terão impacto em sua vida.

## Quebre o padrão e pare de se concentrar nos "Eu não quero"

Meu nome é Laura Goodrich e adoro trabalhar com pessoas, equipes e empresas para criar culturas fundamentadas em dinâmicas efetivas no local de trabalho. Muitas das empresas com que trabalhei estavam passando por grandes mudanças e eu adorava ajudar as pessoas a superarem a fase reacionária e, por fim, ajudá-las a começar a se verem como parte da solução. Adorava ajudar os funcionários a determinarem a direção a ser tomada e a estabelecer a estratégia para apoiá-la.

Por meio dessas experiências e do processo de treinamento e orientação de centenas de executivos e de outras pessoas pelo mundo, testemunhei um fenômeno que ocorria repetidas vezes: a tendência natural das pessoas a concentrar-se no que *não* querem que aconteça, não no que *querem* que aconteça. Esse fenômeno ocorria com tanta frequência que comecei a identificar um padrão. Quando perguntava às pessoas o que elas desejavam, sem hesitação me diziam: "O que eu não quero é o seguinte: não quero que as pessoas estejam ausentes naquele dia; não quero chegar para uma reunião e a outra pessoa não aparecer; não quero desperdiçar meu tempo." Mesmo depois que eu indicava repetidamente que suas declarações começavam com "Eu não quero" e pedia-lhes explicitamente para que reformulassem suas declarações com "eu quero", elas voltavam a expressar o que não queriam ou o que estavam tentando evitar.

Quando as pessoas mudam intencionalmente o foco para o que *querem*, acontecimentos extraordinários começam a ocorrer em sua vida profissional e pessoal. E, quando um grupo de funcionários, uma equipe ou uma empresa inteira aceita e se concentra no que *quer*, resultados positivos se multiplicam, e alcançar os objetivos corporativos torna-se ainda mais possível.

O meu desafio foi encontrar um meio de realizar a mudança do foco no que não se quer e se está tentando evitar para uma atitude mental positiva. Queria ajudar as pessoas a compreenderem como:
1. Resistir à tendência natural a concentrar-se nos pensamentos negativos, nas preocupações e nos medos;
2. Conscientizar-se de seus interesses, paixões, pontos fortes e valores;
3. Estabelecer a conexão entre os "eu quero" pessoais e profissionais e aqueles de sua equipe e de sua empresa para obter resultados positivos individuais e coletivos.

Eu vi o que pode acontecer quando as pessoas decidem se concentrar nos resultados positivos e, por fim, conseguem influenciar os objetivos coletivos das equipes e empresas.

Enquanto eu refletia sobre essa questão, meu sócio, Greg Stiever, me contava histórias maravilhosas e emocionantes usando sua câmera de vídeo. Quando nos conhecemos, Greg tinha 25 anos de experiência como contador de histórias digitais e já ganhara um prêmio Emmy como produtor. Eu passara a vida na frente das câmeras, e Greg era o profissional por trás delas. Quando começamos a trabalhar juntos, em 2007, e fundamos a On Impact, descobrimos como combinar nossos talentos de uma forma poderosa usando o ato de contar histórias digitais para ajudar as empresas a provocarem mudanças positivas. O primeiro resultado de nosso trabalho conjunto é a metáfora *Veja carros vermelhos* com materiais de apoio, um filme e agora um livro com um conjunto de ferramentas de atividades que transformam insight em ação, e ação em resultados. Estamos empolgados por oferecer este livro para ajudar pessoas, equipes e empresas a entenderem esses conceitos e colocá-los em prática em prol do sucesso pessoal e profissional.

A fantástica resposta ao filme *Veja carros vermelhos* foi o estímulo para escrever este livro. Em www.vejacarrosvermelhos.com, estão o Conjunto de Ferramentas Carros Vermelhos e uma variedade de itens e atividades adicionais suplementares para desenvolver a compreensão e a objetividade individual, bem como cativar as pessoas em todos os níveis. Eles podem ser usados para desenvolver um programa de longo prazo, a fim de conduzir a mudança positiva de sua empresa, e contribuem para o esforço de expandir a experiência e manter em foco Carros Vermelhos para que ocorram mudanças significativas.

## A quem se destina *Veja carros vermelhos*

Pessoas, equipes e empresas que desejam melhorar sua vida pessoal e profissional e agir para colocar suas paixões, interesses, pontos fortes e valores para funcionar se beneficiarão da leitura deste livro. Descreveremos passo a passo como as pessoas podem identificar com precisão seus pontos fortes e valores, e alinhá-los com a visão, a missão e os valores organizacionais corretos. Às vezes, esse alinhamento será com seu empregador atual; outras vezes, não. O fator mais importante é ter coragem suficiente para fazer as perguntas certas, falar com as pessoas certas e descobrir por si mesmo qual ambiente é melhor para você.

Muitos promoverão a causa de concentrar-se em seus objetivos para outras áreas. *Veja carros vermelhos* é iniciado pela perspectiva pessoal, no estilo "Começa com você", e faz vários ganchos relevantes para o mundo empresarial por meio do uso de histórias — histórias reais (algumas com nomes inventados para proteger a identidade de ex-clientes) que o ajudam a visualizar e internalizar as mensagens e os significados. Muitas das histórias também estão disponíveis em pequenos vídeos e áudios em www.vejacarrosvermelhos.com, para que você possa incluí-los nos projetos de sua empresa.

## Para onde a jornada o levará

Começamos introduzindo o conceito de foco no que se quer alcançar e na diferença que faz escolher uma atitude mental de resultados positivos. O Capítulo 1, "Por que nos concentramos no que não queremos", examina como o cérebro funciona e por que essa tendência inconsciente é tão difícil de ser modificada. O Capítulo 2, "Reprograme seu cérebro para obter melhores resultados", apresenta estratégias que podem ser usadas para reprogramar seu cérebro e criar resultados melhores. "Aja de acordo com seus pontos fortes e controle o que você pode", Capítulo 3, o ajuda a identificar suas paixões e seus interesses principais, bem como seus pontos fortes pessoais, enfatizando a importância de concentrar-se no que se *pode* controlar. O Capítulo 4, "Sintonize-se e assuma o controle", trata de como despertar a consciência e a curiosidade para as dinâmicas e tendências do mercado de trabalho, para que você possa direcionar seus pensamentos, ações e aprendizagem. Em "Crie 'Eu quero' pessoais" e "Crie 'Eu quero' profissionais", nos Capítulos 5 e 6, você arregaçará as mangas e completará o Conjunto de Ferramentas Carros Vermelhos para esclarecer seus "Eu quero" pessoais e profissionais. No Capítulo 7, "Transforme ações em resultados", você criará um plano de ação para registrar e seguir os passos de forma que *mantenha sua dedicação a ele* a longo prazo. O capítulo final, "Dirija Carros Vermelhos para a massa crítica", traz a história decisiva de uma empresa que construiu uma cultura de pessoas focadas em seus desejos, e a diferença marcante desse foco no sucesso da corporação.

## Como usar este livro

Siga o processo descrito neste livro se realmente deseja construir um futuro positivo para si mesmo e uma cultura *Veja carros vermelhos* em sua equipe e em sua empresa. Se sua empresa está cambaleando por conta da recessão econômica e você deseja construir um caminho de volta para a prosperidade, você, sua equipe e sua empresa devem adotar uma atitude mental de resultados positivos. *Veja carros vermelhos* é uma metáfora poderosa com a qual você pode realizar mudanças impactantes e sustentáveis. Comece lendo o livro, complete as atividades Carros Vermelhos e trace seu próprio rumo. Em seguida, conte a novidade aos outros e estimule-os a fazerem o mesmo. O planejamento cuidadoso e as ações orientadas para os seus "Eu quero" individuais e coletivos, com a direção intencionada e com seus faróis altos, colocarão você, sua equipe e sua empresa em condições de alcançar o sucesso.

*Um lembrete aos líderes:* este livro oferece um conjunto de ferramentas e uma metodologia de grande eficácia para surtir resultados positivos em sua empresa. A mudança é a nova norma, e as inovações estão em ritmo acelerado. As empresas que sobreviverem e prosperarem possibilitarão a seus funcionários concentrar-se em suas paixões, interesses, pontos fortes e valores, e a alinhá-los com a visão e os valores da empresa. A atitude mental *Veja carros vermelhos* pode guiar os funcionários para o desenvolvimento dos "Eu quero" pessoais e profissionais registrados como ações mensais, semanais e diárias. Quando a empresa está alinhada com os objetivos *Veja carros vermelhos* e, finalmente, atinge a massa crítica com a atitude mental de resultados positivos, os resultados são excelentes.

Prepare-se para uma viagem impressionante.

## INTRODUÇÃO

# Concentre-se no que você quer

Você poderia conseguir mais de tudo o que deseja — mais ideias novas, mais trabalho de equipe em seu departamento e uma atitude mais positiva em sua empresa. Acredito que as pessoas querem ter sucesso em seu trabalho, relacionamento e em sua comunidade. Acredito que as pessoas queiram construir a vida que desejam e ser parte de algo produtivo e positivo. Mas com muita frequência não é assim que as coisas funcionam.

Com base em minha experiência em dinâmicas, mudanças e no futuro no local de trabalho, aprendi uma verdade primordial: obtemos mais daquilo em que nos concentramos. Deixe-me repetir: obtemos mais *daquilo* em que nos concentramos. Chamo isso de *Veja carros vermelhos* porque essa é uma metáfora com que todos podem se identificar.

Eis a premissa: digamos que você acabou de comprar o carro dos seus sonhos — rodas personalizadas, para-choques cromados e ele é vermelho. Ao dirigi-lo pela primeira vez, você começa a reparar que parece haver muitos carros dessa cor nas ruas. No dia seguinte, o que percebe? Mais carros da mesma cor rodando por aí. Ao final da primeira semana, você pensa: "Será que todo mundo deu para dirigir carros vermelhos agora?" Você está vendo carros vermelhos porque foi nisso que se concentrou.

Ou que tal isto: o pesadelo de todo jogador de golfe. Você está próximo do buraco mais famoso, um tee elevado com um grande *green*, um par 3 curto, a apenas 120m por cima da água — uma *grande quantidade* de água. Você pega o taco e olha fixamente para a água. Dá uma última olhada para a bola e pensa: "Não a jogue na água. Não a jogue na água!" Finalmente, você bate na bola. Para onde ela vai? *Splash* — direto para dentro da água.

Outro exemplo para reforçar: um de seus colegas de trabalho está aborrecendo você. Para piorar ainda mais a situação, você continua encontrando essa pessoa em todas as reuniões, nos corredores, no almoço, no estacionamento. Você não consegue escapar.

Quem está colocando todos esses pensamentos "carros vermelhos", "não jogue a bola na água" e "não consigo escapar dessa pessoa" em sua cabeça? Você, claro. É no que você está concentrado. E lembre-se do que eu disse: seja bom ou ruim, você *sempre* obtém mais daquilo em que se concentra.

Mesmo quando as intenções de alguém são genuinamente positivas, seu comportamento pode ser visto como negativo sem que ele o perceba. Eis um exemplo.

Há alguns anos, recebi um telefonema de um cliente desesperado por respostas (nós o chamaremos de Ted). Ele gerenciava um projeto importante. Os riscos eram altos e o projeto estava fora de controle; o cronograma estava atrasado, os orçamentos, estourados e a dinâmica do grupo, tensa. Ted passou a descrever suas observações. Os membros da equipe o estavam evitando a todo custo. Nas reuniões, a tensão era tanta que ele não sabia o que era pior: as explosões de raiva ou o silêncio absoluto que se seguia. As pessoas culpavam umas às outras e, mesmo que sem intenção consciente, chegavam atrasadas ou nem iam para as reuniões. Ele tentava confrontar as desculpas delas sem sucesso e já não sabia mais o que fazer. Decidimos que eu o acompanharia para ver se poderíamos revelar o culpado pelos comportamentos improdutivos.

Segui Ted por um dia. Fiquei perto dele durante interações individuais com seus funcionários e durante reuniões maiores e menores. Não foi necessário muito tempo para verificar o que estava acontecendo. Observei-o iniciar cada conversa e reunião com declarações como estas: "Não queremos perder este prazo; não queremos parecer não cooperativos; não queremos estourar o orçamento; não queremos fracassar." Quando conto essa história, as pessoas sempre perguntam: "Ele não tinha noção do que estava fazendo? O que havia de errado com ele?" A isso, respondo: "Não havia nada de errado com ele. Ted estava agindo inconscientemente. Ele tinha as melhores intenções para a equipe e para o projeto. Ele presenciara projetos fracassarem e estava empenhado em evitar armadilhas. Tinha uma lista de coisas que não queria que acontecessem e informou os outros sobre elas rapidamente. Ele achava que estava sendo proativo."

Na verdade, sua equipe trabalhava arduamente. Por conta disso, não participava de reuniões familiares e de eventos esportivos dos filhos e dedicava pouco tempo para descansar e se revitalizar. Ao iniciar cada interação com um lembrete do que não queria que acontecesse, inadvertidamente, Ted sugava a energia, a motivação e o espírito de cada pessoa.

Conversei com Ted a respeito da atitude mental *Veja carros vermelhos*: concentre-se no que *quer* que aconteça. Assim que se deu conta do que estava fazendo, ele rapidamente entendeu. Reuniu-se com cada membro da equipe para compartilhar o que aprendera. A discussão foi esclarecedora quando descreveram como o foco dele os fizera se sentirem frustrados, desvalorizados e desmotivados.

Juntos, Ted e os membros de sua equipe redigiram declarações "Eu quero" pessoais e para o projeto (um passo de ação intencional *Veja carros vermelhos*). Ele instruiu a equipe a compartilhar suas declarações "Eu quero"; o status de cada uma; e sua estratégia para levar o projeto adiante em reuniões individuais e com a equipe do projeto. Os membros da equipe foram solicitados a alinhar suas declarações profissionais "Eu quero" com as do projeto e, em pouco tempo, estavam de volta à normalidade, trabalhando em conjunto e apresentando as ações diárias, semanais e mensais necessárias para o sucesso.

À medida que foram adotando uma atitude mental de resultados positivos tanto no nível individual quanto no coletivo, esse modo de pensar se espalhou para outras áreas da empresa e afetou o desempenho geral da divisão.

## Você deve quebrar o padrão conscientemente

Concentrar-se no que não se quer tem um alcance muito maior do que percebemos. É nossa tendência natural, e não é nenhuma novidade.

Você se lembra das leituras do ensino fundamental? A maioria das pessoas com quem falo lembra da mesma coisa. Você está sentado com seu grupo na mesa de leitura e cada um precisa ler uma parte do texto. Logo chega a sua vez. É bem provável que, enquanto seus colegas de classe liam, você nem os escutasse. Você contava mentalmente quantos alunos faltavam para chegar sua vez. Seu medo cresce; seu coração acelera; suas mãos tremem e você não consegue parar de pensar no quanto é difícil. Finalmente, chega sua vez. Uma palavra torturante por vez, você finalmente chega ao fim do parágrafo. E chega ao fim do dia e você passa de ano. Mas, na realidade, isso nunca acaba.

Agora você passou da sala de aula para a sala de reuniões. Eles não são seus colegas de turma; são seus colegas de trabalho. Espera-se que vocês todos façam seus relatórios. E você está fazendo tudo novamente — pensando em quando será sua vez de falar. Você ainda está concentrado em não cometer erros; em não parecer tolo; e seu coração dispara. Por que isso acontece? Por que gastamos tempo e energia lidando com medos e obstáculos, em vez de agirmos para caminhar na direção correta? É tão simples reconhecer isso nos outros, mas é algo tão sutil que não percebemos em nós mesmos. Esse é o problema. Não percebemos que estamos concentrados no que não queremos.

Aumentar seu nível de consciência o ajudará a começar a se mover na direção oposta. Uma pequena mudança faz uma grande diferença. Pode soar fácil, mas não é. A parte difícil é concentrar-se no que você quer que aconteça, e não no que está tentando evitar.

### Pense
Semelhante à Lei da Atração, comece se empenhando em concentrar seus pensamentos no que você quer, e não no que não quer. Escreva o que quer especificamente. Faça um contrato consigo mesmo.

### Veja
Agora visualize o que quer em sua mente. Quanto mais vividamente puder visualizar o resultado desejado, com todos os detalhes, melhor. Muitas pessoas encontram e exibem imagens que ilustram seus desejos. Elas acreditam que essa atitude é muito motivadora e eficaz.

Identifique as imagens que representam o que você quer. Não estou falando de bens materiais. Refiro-me a projetos bem-sucedidos, crescimento e desenvolvimento profissional, novas habilidades e uma família maravilhosa. Para você, como tudo isso soa?

Concentre-se no objetivo. Mais importante do que as palavras que você diz aos outros são aquelas que diz a si mesmo.

**Faça**
Coloque essas intenções em prática. Torne-se consciente do que você está se concentrando e concentre-se naquilo que pode controlar, e não no que não pode. Pratique e seja persistente.

Sou apresentadora de um programa de televisão em Twin Cities chamado *Life to the Max*, produzido pela Lifetouch Corporation (uma empresa de fotografias e anuários escolares). No programa, conto histórias de pessoas com talentos especiais; pessoas que perseveram quando seria mais fácil desistir; e pessoas que têm disposição para investir tempo. O renomado pintor Jeffrey Hurinenko é uma delas.

Na entrevista, perguntei a Jeff o que é necessário para ser tão bom quanto ele. Ele disse: "Você pode ter todo o talento do mundo. Pode estudar arte o dia inteiro. Mas, se quer ser *realmente* bom, terá de estar disposto a rodar quilômetros." Ele chama isso de "quilometragem de pincel". Você precisa se fechar e se isolar do mundo e investir em tempo com um pincel e uma tela.

No livro *Fora de série*, de Malcolm Gladwell, o autor aborda o fato de que as pessoas que se destacam — seja nos esportes, na música ou nos negócios — acumularam 10 mil horas de quilometragem de pincel ou investimento em suor para alcançar o sucesso. Seja persistente e pratique.

## Comemore o sucesso

Enquanto estiver se concentrando no que deseja e agindo para alcançar seus objetivos, comemore seus sucessos. Para muitos de nós, nossos projetos são de longo prazo. Celebrá-los só quando terminam pode demorar muitos anos. Uma vez, um executivo de vendas me escreveu dizendo que era precisamente esse ponto que ele mais apreciava, e que agora o pratica com mais eficiência. Seu processo de vendas é demorado e exige receber dados de diversas entidades em sua empresa. Ele disse que dividir o processo longo e demorado em etapas importantes e celebrar ao longo do caminho realmente o incentiva a continuar.

## É necessário ter consciência

É muito fácil voltar a se concentrar naquilo que não se deseja. Para mudar as coisas, você precisa estar alerta quando seus pensamentos, ações e palavras não se alinharem. Um exemplo para ilustrar:

> Ninguém diria: "O que eu quero é iniciar uma conversa e dizer algo ofensivo, de forma que a outra pessoa diga algo que é igualmente ou até rnesmo mais ofensivo. Então, responderei na mesma moeda e me afastarei fumegando de raiva."

Nunca diríamos isso, mas ainda assim acontece.

Digamos que a mesma pessoa criou uma declaração "Eu quero" com uma imagem mental e emocional para apoiar essa declaração.

> A declaração "Eu quero" é: "Quero efetivamente conduzir conversas de forma que eu revele o melhor nos outros e desenvolva comunicações confiáveis e abertas."

Essa pessoa pensou em uma imagem mental de si mesma e do que pensa e sente quando inicia uma conversa real, e ela pode, a qualquer momento, evocar a imagem, seus sentimentos íntimos e os processos mentais associados. Quando está em uma conversa e, por acaso, diz algo que a outra pessoa entende como ofensivo, ela imediatamente evoca essa imagem. Rapidamente, responde de uma forma criativa que revela o melhor na outra pessoa e cria uma comunicação confiável e aberta. Sem o guia da declaração "Eu quero" e sua imagem mental e emocional, esses momentos com muita frequência acabam mal.

Tive muitos clientes que relataram um progresso impressionante em conversas e relacionamentos, tanto pessoais quanto profissionais, com declarações "Eu quero" e visualizações do que queriam. Além disso, quando conseguir fazer visualizações em sua mente, você começará naturalmente a agir para obter o que quer.

## Como isso se aplica ao mundo dos negócios?

As empresas podem controlar a atitude mental a partir da qual os problemas, os desafios e as oportunidades são comunicados a seus funcionários. Eis um exemplo do que frequentemente ocorre quando uma mudança maior está em curso em uma empresa.

O desempenho da Acme Manufacturing vem decaindo vagarosamente. As encomendas têm diminuído nos últimos trimestres. Mike, o CFO, alerta o CEO Jerry sobre o problema. Mike certamente não é o culpado, mas os indicadores dos problemas eram mais óbvios da posição favorável de Jerry. Ele convoca uma reunião de emergência com os principais executivos, em que a necessidade de mudança é manifestada claramente. Após as notícias terem sido dadas, há um período em que os executivos tentam se organizar. Após se recuperarem do choque, começam a considerar as possíveis soluções. Assim que identificam a melhor linha de ação, determinam uma estratégia para apoiá-la. Após muitos debates e planejamento, chega o dia de revelar as circunstâncias e as mudanças propostas aos funcionários.

Nesse ponto, Jerry e sua equipe de executivos já tinham discutido o processo há meses. Tiveram tempo suficiente para analisar em detalhes as nuances e as ramificações das mudanças, sobretudo por elas estarem relacionadas aos seus próprios papéis e responsabilidades.

Jerry faz uma grande apresentação para toda a empresa, na esperança de que todos vejam a luz; que adotem a nova direção entusiasticamente; e a vida então será um mar de rosas. As pessoas têm a tendência a ouvir, contanto que ouçam algo que tenha o potencial de realmente causar impacto em seu mundo. Assim que se diz algo que aponte consequências pessoais, elas voltam a atenção para si mesmas e começam a se concentrar no que já foi dito. Mais especificamente, concentram-se no que temem e no que esperam evitar durante o processo. Elas não ouvem nada mais do que Jerry diz.

Jerry completa sua apresentação e desce do palco com grandes expectativas. No entanto, ele é bombardeado com expressões que mostram medo e dúvida. A resistência é óbvia, e ambos os lados da equação estão confusos e, francamente, um pouco irritados. Jerry e sua equipe de executivos pensam: "Ei, tudo que estamos propondo é para o bem maior. Vocês não conseguem enxergar isso?" Verdade seja dita, eles não conseguem; ainda não, e alguns jamais conseguirão.

Jerry e seus líderes experientes deixam o momento passar na esperança de que as coisas melhorem com o tempo. Ao contrário, elas pioram. As pessoas começam a falar e a se ater a detalhes. As perguntas surgem e são respondidas com suposições, e não com fatos. A situação se complica. Os executivos fecham suas portas porque as conversas não são divertidas e eles rapidamente se cansam da natureza repetitiva das perguntas. Eles pensam: "Por Deus, quantas vezes ouvi essa pergunta? Já tratei disso durante a apresentação, mas ninguém ouviu." Como disse, as pessoas se isolaram dentro de si mesmas para considerar as ramificações do primeiro item em uma lista de vinte. Portanto, os líderes acabam tendo que lidar com as consequências. Eles têm as próprias preocupações e adorariam oferecer sua opinião sincera, mas continuam em silêncio pelo bem da empresa.

Por outro lado, eis um exemplo real de como a líder de uma divisão usou *Veja carros vermelhos* antes de anunciar o fechamento de uma filial e foi agradecida pela forma humana como comunicou as notícias ruins.

Carol é vice-presidente de divisões da National Widget Corporation. A crise econômica forçou Carol a tomar a difícil decisão de fechar uma divisão inteira da empresa. Uma reunião com todos os funcionários foi convocada. Carol começou mostrando o filme *Veja carros vermelhos*. Quando o filme acabou, ela falou com toda a franqueza sobre sua frustração em ter de tomar aquela decisão e sobre como sabia o quanto era frustrante para todos. Em seguida, pediu ajuda a eles. Carol solicitou que os participantes se dividissem em grupos pequenos, cada um com um líder e registrassem os "Eu quero" de seus grupos à luz daquela mudança.

Ao chegarem, os participantes tinham em mente pensamentos como "Eu não quero perder meu emprego". Assim que lhes foi dada a oportunidade de dialogar com honestidade e de discutir seus sentimentos de uma forma produtiva, surgiram declarações como esta: "Quero criar uma oportunidade para mim, seja aqui ou em algum outro lugar, que faça uso de minhas habilidades e talentos" e "Queremos contribuir para realinhar as pessoas e os recursos quando esta divisão fechar para tornar a empresa ainda mais forte."

Os "Eu quero" criaram um clima de perspectivas positivas, e houve uma sessão muito produtiva depois disso. Assim que perceberam que poderiam contribuir, que suas ideias e pensamentos estavam sendo ouvidos, as pessoas se tranquilizaram. A linguagem corporal delas mudou visivelmente. Esse formato se provou muito eficiente e surtiu resultados positivos.

Nos dias seguintes à reunião, Carol recebeu uma enxurrada de e-mails agradecendo por sua liderança durante a difícil tarefa de fechar aquela divisão. *Veja carros vermelhos* uniu gerentes e funcionários e os ajudou a tomarem decisões proativas em um momento de crise.

A necessidade de mudança que a Acme Manufacturing e a National Widget Corporation enfrentaram é a dinâmica atual na qual todos nós vivemos. Rápidas mudanças de mercado podem afetar a procura pelos produtos e serviços de sua empresa num curto espaço de tempo. A compreensão do que uma empresa precisa para mudar pode vir do pessoal do departamento financeiro, como no exemplo da Acme Manufacturing, ou de recursos como entrevistas de desligamento, pesquisas sobre o relacionamento entre os funcionários ou avaliações dos clientes. Pode vir de inovações recentes que geram novas oportunidades. Qualquer que seja a fonte, é importante não ignorar os sinais.

O período de recessão econômica alterou o panorama de negócios, e muitos dizem que ele nunca mais será o mesmo. A maioria das empresas será forçada a mudar. Toda essa incerteza simplesmente exacerba nossa tendência natural de nos concentrarmos no que não queremos. É extremamente importante para pessoas, equipes e organizações manterem o foco no que querem, sobretudo à luz das mudanças imprevistas. Os que são capazes de responder à mudança de forma criativa e inovadora terão uma clara vantagem sobre os que reagem à mudança com rejeição e medo.

Este é o momento de ser obstinado, de definir claramente o que queremos e de agir de forma definitiva com relação a isso. O momento é agora. A realidade é que uma coisa leva a outra, seja ela positiva *ou* negativa. São necessários esforços conscientes e persistência para garantir que os pensamentos e os comportamentos disseminados sejam positivos. Pequenos sucessos e grandes realizações começam da mesma forma. Alguém se concentra no que quer e, ao fazê-lo, começa uma jornada para realizá-lo.

Não é fácil. No meu trabalho com clientes ao longo dos anos, me peguei coçando a cabeça inúmeras vezes, quando a necessidade de mudança tinha sido claramente identificada. A equipe percebia que, se continuasse no curso em que estava, o destino final não seria o que qualquer um deles escolheria. Com essa realidade, uma nova direção era apresentada. Em muitos casos, não havia outra opção viável. Eu pensava: "Por que você se oporia à única esperança de sobrevivência ou de um resultado positivo?" A direção que estava sendo recomendada pode ter sido certa ou errada, mas era nitidamente melhor do que ignorar os sinais de que a equipe estava com problemas sérios, certo? Mas algumas pessoas ainda resistiam. Eu achava isso curioso.

Na atitude mental de resultados positivos *Veja carros vermelhos* é fundamental ter um foco firme e inabalável, apesar dos obstáculos e das críticas. Essa atitude mental deve começar com você e, depois, se disseminar por sua equipe e por sua empresa. A história a seguir do filme *Veja carros vermelhos* é um exemplo maravilhoso do tremendo potencial de um foco singular e inabalável em um objetivo. Imagine o que poderia ser realizado com uma equipe de trabalho constituída toda de funcionários como Cliff Young.

Em 1983, Cliff Young decidiu participar da Ultra Marathon Race de Sidney a Melbourne. A corrida, que dura seis dias, com 875km, é considerada a mais difícil do mundo. Somente os corredores de elite estão à altura desse desafio.

Pronto para a largada, Young, um fazendeiro de 61 anos, usa suéter e galochas. Quando a maratona começa, os corredores deixam Young e suas galochas para trás. As multidões riem porque ele parece estar arrastando os pés, e não correndo corretamente. Em tom de chacota, o movimento é chamado de "Arrastada do Young". No entanto, por nunca ter lido um livro sobre corridas e nunca ter falado com um corredor, à noite, quando todos os demais estão dormindo, ele passa por eles lentamente, sem parar, durante cinco dias e meio. Young ganhou a corrida, quebrando o recorde por nove horas. Ele sabia o que queria, concentrou-se naquilo e continuou correndo.

Quando alguém tenta novas abordagens, com frequência as pessoas zombam até que elas se provem funcionais. Essas pessoas precisam ter a coragem de seguir em frente e não se intimidarem com os comentários ou risos abafados dos outros. Desde o sucesso de Cliff Young, a arrastada de Young é adotada por outros maratonistas porque consome menos energia. A história de Young é de dedicação e de determinação, além de ser um exemplo claro de como alcançar o sucesso por meio do foco no que se quer.

Você sabe quais são suas opções: mais do que não deseja ou mais do que deseja. Está na hora de fazer a escolha certa. Concentre-se no que realmente quer. O que você deseja está esperando por você.

## CAPÍTULO 1

# Por que nos concentramos no que não queremos

Quando apresento o conceito de *Veja carros vermelhos*, as pessoas imediatamente o compreendem a partir de duas perspectivas.

1. Elas entendem que é muito importante concentrar-se no que querem porque, quanto mais nos concentramos e agimos para conseguir o que queremos, mais recebemos. Elas entendem o conceito intuitivamente. Entendem o conceito de forma lógica.
2. Quando o conceito lhes é apresentado, elas também entendem a tendência natural para nos concentrarmos no que não queremos. Posso explicar esse conceito a uma criança de 8 anos ou a uma pessoa de 80, e todos o compreendem. Elas reconhecem que, quando se participa de um jogo, concentra-se em vencê-lo. Elas reconhecem que os pilotos de corrida concentram-se na pista, não nas paredes que estão tentando evitar.

Há duas razões predominantes por que é tão difícil mudar comportamentos:

1. Estima-se que tenhamos de 12 a 50 mil pensamentos fluindo em nosso cérebro todos os dias, e 70% deles estão concentrados no que não queremos e no que gostaríamos de evitar.
2. Quando as pessoas se deparam com informações novas e importantes, há três reações típicas: 20% são muito abertas e ficam animadas; 50% se mostram cautelosas e reticentes em dar apoio; e 30% são abertamente contrárias.

## Insights oriundos das pesquisas sobre o cérebro

Trabalhar com empresas em temas relacionados ao comportamento dos funcionários e à maneira de lidar com a mudança aumentou meu desejo por entender a razão pela qual nos concentramos no que não queremos. Sou uma líder mental em dinâmicas no ambiente de trabalho, em mudança e no futuro do trabalho. Não sou neurocientista. Portanto, procurei respostas na comunidade científica.

Ao longo dos anos, tive a sorte de trabalhar em conjunto com algumas pessoas que dedicaram a carreira a pesquisas sobre o cérebro. Compartilharei um pouco do que aprendi sobre o cérebro para fornecer conhecimento e conscientização, sem causar sobrecarga, porque o cérebro é uma entidade muito, muito complexa. Ainda temos muito a aprender sobre os quatrilhões de sinapses presentes nele. (Uma sinapse é um espaço entre duas células nervosas. Os neurônios são células que passam sinais para células de destino individuais, e as sinapses são o meio pelo qual eles o fazem.)

Ellen Weber é CEO do MITA Brain Institute. A pesquisa sobre o cérebro é sua área interesse. Mais especificamen te, ela traduz a pesquisa sobre o cérebro em comportamento humano, sobretudo o comportamento humano nas empresas. Quando perguntei a Ellen o que faz com que nos concentremos no que não queremos, ela explicou que se trata de uma mistura de condicionamento social e experiências de vida. Desenvolvemos uma resposta baseada no medo que começa com nossos genes singulares e é socialmente condicionada no seio de nossa família. Pais bem-intencionados dizem coisas para os filhos como "Não corra!", "Não se machuque!" e "Não se comporte mal!". As boas intenções dos pais têm o objetivo de proteger os filhos, mas, na realidade, criam uma reação baseada no medo. Às vezes, é real; às vezes, imaginado. Por exemplo, é possível que você venha de uma família cuja tendência é se preocupar ou de outra que tem uma mentalidade de vítima (sempre pensando que alguém "os está perseguindo").

Nossa constituição genética determina em parte nossas reações, e as famílias são o primeiro lugar em que o condicionamento social começa. A influência continua com a escola e inclui as pessoas que nos cercam, o trabalho que fazemos e o ambiente no qual nos envolvemos. Em uma recente apresentação, tratei do condicionamento social e da influência familiar. Depois da apresentação uma mãe me disse: "Você falou para mim hoje. Antes de sair de casa esta manhã, disse para meu filho David: 'Não se comporte mal. Não exagere.' Agora que você abordou o assunto, percebo que faz todo sentido que eu dê a ele ordens para que possa de fato agir de maneira positiva. Seria melhor ter dito: 'Tenha bons ouvidos hoje e lembre-se de prestar atenção às orientações de sua professora. Tente ficar próximo de Joey. Ele toma boas decisões.'" Eu lhe disse que ela estava certa e que podia dar um passo além e orientar David a se concentrar no que queria. Ela poderia dizer: "David, como você gostaria que a aula de educação física fosse hoje? O que você precisaria fazer para que isso acontecesse?" Ela poderia fazer perguntas que estimulassem David a pensar em coisas específicas que ele pudesse fazer, como "Quais colegas estão indo bem nessa matéria e poderiam ajudá-lo?" Disse-lhe que ela poderia achar que David é muito jovem para responder positivamente a orientações como aquelas, mas que, apesar da idade, as crianças são capazes de se concentrarem no que querem, e quanto mais cedo você as ajudar a abrir os caminhos para o que desejam, melhor. Essa talvez seja a razão mais convincente para adotar a atitude mental *Veja carros vermelhos* e ensiná-la a seus filhos. É uma das melhores formas de ajudá-los a conseguir o que querem.

O condicionamento social inicial é o que começa a criar uma sensação de medo ou preocupação com o desconhecido, o fracasso, a perda do prestígio social e com coisas novas e diferentes. Orientar as crianças desde cedo, como o exemplo de David, encaminha o condicionamento social para resultados positivos, e não para os negativos.

Outra razão para nos concentrarmos no que não queremos é pensarmos que não somos capazes ou merecedores. Mais uma vez, esse pensamento provém do condicionamento social. Se sua origem é humilde, você e os membros de sua família talvez pensem: "Pessoas como nós não podem fazer um doutorado." Esse pode se tornar um poderoso obstáculo mental que o impede até mesmo de tentar. Robert Fritz, especialista em desenvolvimento de capacidades criativas, diz que duas crenças comuns atrapalham a realização do que queremos. A primeira delas é a crença comum em nossa impotência, nossa incapacidade de tornar realidade tudo com que realmente nos importamos. A segunda é o sentimento de desmerecimento, a ideia de que não somos dignos daquilo que verdadeiramente desejamos. Solilóquios desse tipo causam inércia e o retorno ao piloto automático. A solução para a superação dessa ameaça é a consciência. Com a autocompreensão de que esse condicionamento social negativo pode atrapalhar, você pode ativar suas intenções incessantes para desvendar a forma como seus pensamentos estão limitando ou enganando você. Desafie esses pensamentos e estabeleça novas linhas de pensamento e de tomada de decisões na direção do que quer.

Em *A quinta disciplina*, Peter Senge trata da forte tensão entre onde você está no momento e o que deseja, usando uma ilustração com elásticos para simbolizar essa tensão. Imagine-se no meio, olhando para a direita. Atrás de você, à esquerda, está um poste, e à sua frente, à direita, uma grande mão. Você está no meio com dois elásticos em volta da cintura — um elástico está em torno de sua cintura e do poste à esquerda, enquanto o outro está em torno de sua cintura e da mão à direita. Ambos os elásticos estão esticados.

Há forças opostas a todo momento quando não se está contente com a forma como as coisas estão e quando se tem "Eu quero" específicos pelos quais se está esforçando. Essas forças agem como elásticos que puxam em direções opostas. A solução é reconhecer essas forças e planejar e agir objetivamente de forma que você permaneça no controle. A inércia o puxa na direção da atitude mental "Eu não quero", à esquerda, enquanto as ações intencionais o puxam na direção dos resultados positivos que você quer, à direita.

Outro fator são as experiências da vida real. Por exemplo, se você sofreu em um acidente de carro, é natural se concentrar no que não quer: outro acidente de carro. Isso é especialmente verdade se você tem uma tendência natural à introspecção. Anos atrás, uma amiga minha acidentalmente caiu dentro do poço onde fica a orquestra em um concerto e quebrou a perna. É muito natural que ela não queira cair em um poço de orquestra novamente. Muito embora a possibilidade de isso alguma vez voltar a acontecer ser remota, ela fica atenta a situações nas quais poderia se machucar.

## Medo e preocupação provocam reações emocionais negativas

O cérebro desempenha um papel importante na tendência a nos concentrarmos no que não queremos. Em nosso cérebro, a amídala controla as respostas automáticas associadas com o medo e as preocupações. Pense nela como o lugar do cérebro para armazenar todas as nossas reações às situações boas e ruins durante toda a vida. É o centro de nossas respostas emocionais. Quando encontramos algo que tememos ou com o qual nos preocupamos, a amídala é boa.

Como diz a Dra. Weber: "As reações de pânico armazenadas na amídala podem fazer com que saiamos da estrada quando um caminhão está fazendo a curva em alta velocidade." Isso é bom. É útil. Sem as reações familiares e internalizadas da amídala, poderíamos aparecer em uma reunião sem roupas, isso se aparecêssemos. Isso também é útil. O problema é que, devido à nossa constituição genética, ao nosso condicionamento social e às nossas experiências de vida, a amídala tem dificuldade para distinguir entre o medo de ser atingido por um caminhão, a ansiedade de pedir um aumento e a emoção de uma conversa desafiadora. Você pode não ficar paralisado pelo medo, mas o cérebro está reagindo de modo muito semelhante.

Sempre que a amídala reage com medo ou ansiedade, causa uma liberação de substâncias químicas maléficas, como, por exemplo, o cortisol. A reação química do cortisol tem algumas qualidades positivas limitadas, mas os primeiros e os últimos itens na lista certamente não são desejáveis: pressão arterial alta e gordura abdominal. Se essas razões não são suficientes para evitá-la, eis algumas outras: incapacidade para se concentrar; falta de criatividade e falta de inovação e sabedoria. Felizmente, podemos nos desviar das reações negativas da amídala armazenando reações que nos conduzam a alguns objetivos mais prazerosos, de forma que nosso cérebro não acabe na zona "Eu estou assustado".

A amídala cria um padrão prejudicial de reações que podemos evitar. Podemos guiá-la para trabalhar a nosso favor armazenando respostas que gostaríamos que os outros vissem em nós — e nós em nós mesmos —, de forma que essas respostas surjam quando mais precisarmos delas. Não é fácil, devido ao nosso condicionamento social e às nossas experiências de vida, mas, com a intenção e a disciplina corretas, podemos reagir bem às situações difíceis e, com isso, alterar os circuitos químicos e elétricos de nosso cérebro para nos levar na direção do que queremos em qualquer situação. É importante: dê um passo de cada vez. Quando você empreende uma mudança muito grande, provoca medo e rejeição. Dê passos pequenos, firmes e progressivos.

## Criar novos caminhos promove respostas positivas

Em vez de cortisol, você pode decidir reescrever as respostas típicas armazenadas na amídala para produzir uma reação química oposta e liberar serotonina, que serve para aumentar a criatividade, a inovação e a concentração. Por isso é muito mais divertido ficar próximo de certas pessoas. Essas são as pessoas com as quais os outros gostam de trabalhar e as quais, com frequência, são solicitadas a fazer parte de projetos. Elas têm a tendência natural a propor soluções e respostas importantes aos desafios.

Muitos benefícios maravilhosos estão à espera das pessoas que agem. E as pesquisas recentes sugerem que axônios e dendritos podem se regenerar, independente da sua idade, por meio do processo de neuroplasticidade, o que significa mais reprogramação. Trata-se do segredo da mudança e da resposta para como podemos redirecionar a inclinação natural de nosso cérebro para concentrar-se no que não queremos. Podemos desenvolver, regenerar e criar novos caminhos de neurônios rumo aos nossos objetivos.

A *neuroplasticidade* é definida como a capacidade natural do cérebro de formar novas conexões para compensar danos ou mudanças ambientais. Um neurônio é uma célula nervosa. Nosso cérebro tem 100 bilhões deles, e você pode fazê-los trabalhar a seu favor com atividades cuidadosamente elaboradas. Os neurônios têm extensões chamadas de dendritos. Essas extensões se conectam e se reconectam. Os axônios, ao contrário, retransmitem informações do corpo de volta para o cérebro. Em um processo eletroquímico complexo, os neurônicos se comunicam uns com os outros pelas sinapses, e a conexão cria substâncias químicas denominadas neurotransmissores. Cada sinapse começa criando uma via neural.

As células que você destruiu na universidade ou na festa de ano-novo se foram para sempre, mas felizmente nosso cérebro pode reconstruir células, fortalecer as remanescentes e construir novas conexões que compensam aquelas que perdemos todos os dias. O cérebro usa o mundo exterior para se modelar e se remodelar física e mentalmente. Isso significa que podemos alterar maus hábitos e acrescentar novas abordagens, como nos concentrar no que queremos e alinhar nossos pensamentos, ações e comportamentos para resultados desejados. É como construir uma nova estrada para seus neurônios e, depois, agir sobre as mudanças desejadas. Seu cérebro se reestrutura para facilitar o processo.

A razão pela qual é difícil formar essas novas vias é que temos aproximadamente 12 a 50 mil pensamentos fluindo por nosso cérebro todos os dias, e 70% desses pensamentos estão focados no que não queremos e no que gostaríamos de evitar. Uma vez que uma grande porcentagem de nossos pensamentos, ações e comportamentos é repetitiva, inadvertidamente criamos sulcos neurais profundos difíceis de se desfazer e mudar. Isso me faz lembrar dos longos trechos de estrada pelos quais já dirigi na Dakota do Sul no inverno. O acúmulo de gelo no asfalto gasto cria sulcos profundos. É muito mais fácil deixar os pneus rodarem naqueles sulcos do que tentar sair deles.

## Conscientização, expectativa e motivação conduzem a resultados positivos

Quando você está alerta e age de acordo com o que deseja, o cérebro responde criando um caminho. A mudança chega ao cérebro humano por meio da intenção, de ações conscientemente repetitivas e do passo a passo na direção da mudança futura. Seja qual for a direção para a qual nossos importantes pensamentos se inclinem — positiva ou negativamente —, nosso cérebro produz reações químicas que atraem mais daqueles resultados. A história a seguir ilustra essa realidade.

Quando estava na universidade trabalhei em uma clínica médica. Carol e Rebecca trabalhavam na recepção. Elas eram parecidas em muitos aspectos: alegres, prestativas e determinadas em fazer um bom trabalho. Por mais semelhantes que fossem, suas experiências diárias eram muito diferentes.

Rebecca parecia atrair pacientes descontentes. Raramente um dia se passava sem que ela fosse repreendida severamente e desafiada publicamente por um paciente frustrado. Carol, por outro lado, raramente enfrentava uma situação semelhante. Quando acontecia, ela era capaz de mudar logo o rumo do ocorrido. Com frequência, eu imaginava suas conversas durante o jantar — Rebecca lamentando-se por conta dos pacientes chatos e malvados e do ambiente de trabalho estressante, e Carol comentando sobre as tendências atuais da gripe.

O que distinguia suas experiências? Predominantemente, expectativas, um estado de espírito. Carol com frequência contava com um dia tranquilo na clínica. Antes de as coisas saírem do controle, as expectativas de Carol para o dia a estimulavam para a ação. Ela logo acalmava pessoas ligeiramente irritadas antes que a situação ficasse totalmente fora de controle. Dava um sorriso confiante e tinha uma conduta segura de si que deixava as pessoas se sentindo seguras de que estavam em boas mãos.

Rebecca, por sua vez, focava no que não queria e obtinha mais disso. Não queria que gritassem com ela, e as pessoas gritavam. Não queria que os registros fossem colocados no lugar errado, e eles frequentemente eram colocados no lugar errado, sobretudo os registros de pacientes regulares que eram conhecidos pelo temperamento explosivo. Rebecca estava focada no que não queria. Por essa razão, antecipar situações antes de elas acontecerem não estava nem mesmo em seu radar. Ela reagia no calor do momento; reagia com medo. Com frequência era possível ver sua postura antecipando a explosão antes de a palavra ter sido dita.

Larry Dressler, autor de *No meio do fogo cruzado*, afirma que, nesses momentos de ebulição, dois tipos de energia se inflamam em nós. Uma é a energia de reatividade e de atitude defensiva; a outra, a energia da escolha calma e deliberada.

Carol agia com escolhas calmas e deliberadas. Ela tinha orgulho da sua capacidade de perceber os desejos e as necessidades dos pacientes. Lembro-me de olhar junto com ela para uma sala de espera lotada. Ela fez uma avaliação rápida e precisa da energia emocional da sala com insight específico com relação às necessidades emocionais e médicas dos pacientes.

Carol e Rebecca se deparavam com as mesmas situações estressantes todos os dias. A diferença era que ela se preparava mentalmente para obter resultados negativos, enquanto Carol se preparava para obter resultados positivos. Você obtém mais daquilo em que decide se concentrar.

Agora que tem consciência, você também pode escolher ser igual a Carol. Ser claro sobre o que se quer afeta os outros e permite que você preveja situações e aja de forma apropriada para, no final, conseguir o que desejar.

Alguns anos atrás, eu trabalhava com um executivo que estava totalmente atolado em um padrão negativo de pensamento e comportamento. Foram necessários três meses de trabalho árduo, lembretes e reforço para que ele saísse do padrão e criasse vias neurais mais positivas. Não foi fácil, mas ele confirmou que foi muito útil. A melhora em termos de estado de espírito, produtividade e resultados foram razões suficientes, mas ele também constatou melhora em seus relacionamentos pessoais, sobretudo com os filhos. Ele diz que talvez essa seja a razão mais convincente para escolher fazer a mudança. Observe a palavra central aqui: "Escolha." Mas escolha não é sinônimo de facilidade.

## Por que é tão difícil?

Muitos fatores internos podem usurpar nossa habilidade de manter o foco no que queremos. E, enquanto esses desafios se passam dentro de nós, muitos fatores externos cutucam, acotovelam-se e clamam por nossa atenção. Podemos controlar alguns; outros, não.

Eis nove fatores principais que atrapalham as mudanças de comportamento.

## Sulcos no cérebro
É difícil sair dos sulcos. Falei sobre dirigir no inverno em uma estrada interestadual na Dakota do Sul. O gelo acumulado no asfalto gasto cria sulcos nos quais os pneus do meu carro parecem sempre se assentar enquanto dirijo, quase como se eu estivesse usando um piloto automático. Caminhos como esses também são criados em nosso cérebro. É muito difícil sair do caminho mais utilizado e mais fácil de transitar.

## Comportamento repetitivo e improdutivo
O que provoca esses sulcos é a natureza repetitiva de nossos pensamentos, ações e comportamentos. Gostamos da sensação de segurança de sabermos o que vai acontecer. Desenvolvemos tradições, como, por exemplo, celebrações de feriados, e hábitos, tais como dirigir pelo mesmo caminho até o trabalho todos os dias. Mas há muitas coisas que fazemos repetidas vezes e que são improdutivas, como importunar nossos filhos para que executem tarefas, ou adiar projetos importantes.

## Zona de conforto
Buscamos o conforto, e a familiaridade gera conforto. Mesmo quando refletimos e reconhecemos que determinados comportamentos e ações não são positivos e não estão nos fazendo bem, continuamos a nos comportar da mesma forma porque estamos acostumados àquela situação. Sentimos um nível de conforto com o que é conhecido e familiar. É difícil sair dessa zona de conforto.

## Falta de vias neurais
A maioria de nós tem vias neurais, ou estradas, limitadas em nossa mente. Nossas experiências programaram o cérebro com um número reduzido de opções para lidar com situa-

ções, e lidamos com elas da mesma forma ou com pequenas variações. Precisamos de múltiplas vias que nos permitam ser mais flexíveis e ágeis. Sem elas, nosso cérebro acaba entrando nos sulcos familiares e mais usados. Quando temos múltiplas vias no cérebro, o processo de mudar e de fazer mudanças é muito mais fácil.

## Medo
Todos temos medos, e o mais importante é reconhecê-los. O medo é semelhante a um vírus de computador. Você não pode vê-lo, e muitas vezes não sabe o que o está causando, mas ele causa problemas. É importante reconhecer o que o faz sentir medo para que você possa lidar com eles. Advertência importante: O conselho dado aqui se refere a medos comuns que podem ser tratados com reconhecimento e ações, não questões psicológicas, tais como fobias, para as quais a intervenção profissional é recomendada.

## Falta de objetividade
Ao não serem absolutamente claras com relação ao que querem, as pessoas não sabem o que estão procurando. Há uma tendência a dizer "Quero ser bem-sucedido" ou "Quero dar certo" ou "Quero que isso funcione". Essas são afirmações vagas que não se prestam a identificar passos de ação específicos. Desejos vagos resultam em falta de direção e inércia.

## Falta de agilidade
Ficar preso em sulcos e imobilizado em atividades repetitivas reduz significativamente a agilidade. Estamos apenas deixando as coisas correrem soltas. Nunca foi tão perigoso deixar as coisas simplesmente acontecerem. Isso dificulta nossa habilidade de nos movermos e agarramos as oportunidades à medi-

da que elas vão se revelando porque estamos com muita frequência no piloto automático. Perdemos oportunidades porque estamos dormindo ao volante.

## Hábitos de relacionamento improdutivos

É normal nos relacionarmos com pessoas que nos facilitam muito permanecer em comportamentos enraizados e resistir à mudança. Há uma forte razão para selecionar muito cautelosamente as pessoas com quem se convive. As conversas que temos criam vias neurais no cérebro. As conexões sinápticas podem ocorrer quando você está falando ou *ouvindo e observando*. Em uma experiência científica com neurônios-espelho, um dispositivo foi colocado no cérebro de um macaco. Quando ele pegava um amendoim, um som disparava indicando que uma conexão neuroplástica (uma via entre células nervosas) ocorria. Os cientistas repetiram a experiência e, todas as vezes em que o macaco pegava o amendoim, o som disparava. Um dia, um dos cientistas se esticou e pegou o amendoim. Quando o macaco viu o movimento, o som disparou. Essa foi uma descoberta muito interessante para os cientistas. Na realidade, o macaco não precisou pegar o amendoim para criar uma conexão sináptica. A simples observação de alguém o pegando possibilitou que uma nova via neuronal se formasse.

## VICA

Esse é um acrônimo emprestado da Army War College. VICA quer dizer Volatilidade, Incerteza, Complexidade e Ambiguidade. Bob Johansen, do renomado Institute for the Future, usa esse acrônimo para descrever o mundo no qual vivemos e recomenda formas para lidarmos proativamente com esses desafios. No momento em que este livro está sendo escrito, nosso atual ambiente VICA exacerba a tendência natural que as pessoas têm de optar pela segurança e se apegar ao que lhes é familiar. No entanto, precisamos exatamente do oposto. Este é o momento em que as pessoas precisam estar abertas à mudança e assumir o controle do próprio comportamento — isto é, operar com uma atitude mental *Veja carros vermelhos*.

## Como isso se aplica ao mundo dos negócios?

Em épocas de mudanças dinâmicas, como no mercado atual, as pessoas tendem a se concentrar no que não querem muito mais do que acontece normalmente porque há muitos elementos desconhecidos. As pessoas questionam como as mudanças as afetarão e concentram-se ainda mais no que não querem que aconteça.

A forma como as pessoas reagem às informações novas tem enorme influência no êxito das iniciativas de mudança no ambiente de trabalho. Como mencionei no começo deste capítulo, ao se depararem com informações novas, as pessoas reagem normalmente de uma das três maneiras a seguir: 20% são muito receptivas e motivadas com relação às novidades; 50% mostram-se cautelosas e não dão apoio ostensivo; e 30% são frontalmente contrárias. Vejamos cada uma delas:

20%  Chamo este grupo de embaixadores. Não importa se é uma empresa, um grupo religioso ou uma associação estudantil, 20% do grupo dirá: "Minha nossa, eu senti isso. Acreditei nisso e desenvolvi pessoalmente essa disciplina. Não sabia conscientemente o que era, mas, agora que você chamou a atenção para o fato de que isso é uma disciplina, reconheço ser uma escolha que fiz. Estou tão agradecido. Quero fazer parte disso. Quero influenciar os outros. Quero ajudar pessoas, equipes e empresas a não só esclarecerem o que querem pessoalmente, mas também a se alinharem com o que queremos para nossa equipe e para nossa empresa."

50% Chamo este grupo de em cima do muro. Eles são capazes de compreender e intuitivamente reconhecer que há algo no ar, mas são cautelosos e sensíveis. Estão mais propensos a ficar em cima do muro e a observar. "Há algo aqui? É de fato importante? Merece nossa atenção?" Eles não são negativos. Nem positivos. São neutros.

30% Este grupo é o dos detratores. Eles dirão: "Você só pode estar brincando comigo." Eles encontrarão todas as razões para defender que o processo mental deles é válido e adequado. E resistirão à mudança abertamente.

Quando os embaixadores interagem com os detratores, na realidade eles estão falando "para" os outros, não uns "com" os outros. Ambos trabalham arduamente para defender um argumento, mas nenhum deles ouve verdadeiramente. O que em geral ocorre é que as empresas se esforçam muito para convencer os detratores a mudarem. Por quê? Porque 30% é muita gente e eles não têm *papas na língua*. Sinceramente, a maioria absoluta dos esforços para influenciar os detratores é inútil. Em vez disso, a maior parte do foco deveria ser direcionada para conversas individuais com os em cima do muro. Quando estou trabalhando com empresas, sempre pergunto: "Quem são seus embaixadores? Quem são as pessoas mais influentes e confiáveis em sua empresa que realmente querem participar da mudança organizacional?" Peça a esses embaixadores que se aproximem dos em cima do muro e comecem a falar sobre como alinhar seus desejos pessoais com os da empresa. Essas conversas têm mais a ver com fazer perguntas para aliviar as preocupações, em vez de mandar as pessoas simplesmente aceitarem a nova direção.

Os em cima do muro precisam ser convidados a se engajarem no processo e a fazer parte da solução. Os embaixadores podem conversar sobre o valor de concentrar-se nos desejos. Trata-se de fazer perguntas. Definitivamente não tem a ver com mandar. A maior influência reside no poder de engajar os 70%, os embaixadores e os em cima do muro.

O tempo todo, será possível perceber que os detratores mostrarão abertamente seu descontentamento enquanto a empresa estará focando nos 70%. Para os detratores, a própria noção de nos concentrarmos no que queremos e de alinhar nossos desejos com a visão, os valores e os resultados desejados da empresa é ridícula. Ela os coloca em um processo de encontrar todas as razões porque a mudança não pode acontecer naquele momento. Eles tentarão estabelecer conversas com os embaixadores, as quais rapidamente perceberão que são perda de tempo, e tentarão ativamente convencer os em cima do muro a se juntarem ao grupo deles. Como diz a sabedoria popular, o sofrimento compartilhado é mais fácil de suportar. Por fazerem tanto barulho, com frequência as empresas caem na armadilha de concentrar-se nos detratores (quem não chora não mama). Não faça isso. Eles são a minoria, e muitos deles, no devido tempo, acabarão mudando de ideia. Envie continuamente mensagens positivas e de incentivo aos detratores, mas não entre em conflito abertamente.

Outro fator forte e intimidante em uma época de mudança é que muitas pessoas simplesmente não se dão conta de que seu pensamento é negativo. Price Pritchett, autor famoso e consultor de empresas listadas na *Fortune 500*, diz: "Sempre que há uma grande mudança, nosso primeiro instinto é procurar por ameaças. Esse é simplesmente o modo de agir dos seres humanos. É um instinto de sobrevivência. Mas, com muita frequência, as pessoas ficam presas aos seguintes comportamentos: reclamam da situação; criticam a gerência; solidarizam-se com os colegas; expressam suas preocupações; e, às vezes, lidam com um problema trivial de forma totalmente catastrófica." E, uma vez que cerca de 70% de nossos pensamentos são negativos e "atravessam nossa consciência sem serem detectados", ele diz que as pessoas ficam numa posição desfavorável para corrigir a situação quando somente 30% de seus pensamentos são positivos. É aí que a atitude mental *Veja carros vermelhos* — se você a tornou intencionalmente seu modo de agir — entra em ação e vem em seu auxílio. A abordagem *Veja carros vermelhos* refere-se tanto a nos concentrarmos no que queremos quanto a eliminar os pensamentos negativos. Direcione suas ações para resultados positivos concentrando-se intencionalmente no que quer, e não naquilo de que tem medo e tenta evitar. Você consegue mais *daquilo em que se* concentrar.

A história a seguir, sobre dois funcionários da mesma empresa, ilustra muito bem o poder de concentrar-se nos 70% (embaixadores e em cima do muro). Carla estava no grupo dos 50% (em cima do muro) e George estava no grupo dos 30% (detratores) em uma empresa de biomedicina avançada com a qual trabalhei há alguns anos. A empresa instituiu uma visão muito clara. Aconselhei-os a dar aos funcionários uma linha de visão para o que é mais importante e mantê-la acessível e contestável. Desenvolvemos um processo de 12 semanas para ajudar as pessoas a se concentrarem nos resultados que estavam procurando. Todas as reuniões começavam com "Aqui é para onde estamos indo, e aqui é onde estamos agora. Onde está cada um de vocês nessa viagem e quais os passos tomarão para diminuir essa diferença?". Aquele era o modo de operação deles.

Carla era uma operária na linha de montagem e começou como alguém do tipo em cima do muro. Ela era muito curiosa com relação aos conceitos e, francamente, eles eram um pouco preocupantes para ela. Com cuidado, ela começou a analisar seus os próprios valores, pontos fortes e paixões. Quando estávamos próximos do fim do programa de 12 semanas, percebi que Carla queria falar comigo após a aula. Ela esperou até o final para ter a chance de falar. Finalmente, aproximou-se de mim após todos terem saído da sala e me contou sua história. Ela achava o conceito *Veja carros vermelhos* (concentrar-se no que você quer) intrigante, mas ele realmente a amedrontara no começo, porque ela percebera, através do processo, que realmente adorava finanças e números, e queria pedir transferência para o departamento de contabilidade. Gradativamente, começou a falar sobre a ideia com seus colegas e seu gerente, e eles a incentivaram e lhe deram a confiança necessária para concentrar-se em seus verdadeiros interesses e valores. Finalmente, ela criou coragem para se inscrever no curso de contabilidade de uma universidade local. Tive a oportunidade de acompanhar Carla ao longo dos anos. Ela completou o curso de contabilidade e ingressou no departamento de sua área de formação. Mais tarde, assumiu uma função de liderança antes de mudar para outra empresa quando se casou — veja bem, ela também identificara o tipo de pessoa com quem queria passar sua vida durante o curso de 12 semanas e, enfim, encontrou essa pessoa e se mudou para outra cidade, onde continuou sua carreira como contadora.

Agora vou contar a história de George, funcionário da mesma empresa que passou pelo mesmo curso de 12 semanas. Ele era o clássico detrator. Protestava sem parar. George falava sobre como era ridícula a ideia de que concentrar-se nos resultados pudesse realmente ter impacto no desempenho e que estar ciente dos desafios e dificuldades era algo bem mais importante. Ele era completamente resistente. Bom, não nos concentramos em George. Não o excluímos, mas não nos concentramos nele.

Durante três anos, criamos esse processo de pensamento, o qual passou de inconveniente e desconfortável no início, como as novidades geralmente são, para se tornar leve e confortável, com as pessoas trabalhando em sintonia absoluta não somente com suas declarações "Eu quero" pessoais, mas também com os valores, as visões e as declarações da empresa.

Jamais esquecerei o dia em que George, que fora desconfiado por tanto tempo, chefiou uma visita pelas instalações da fábrica. Quando ele parou no corredor, eu o ouvi dizer: "A forma como operamos aqui — as coisas que nos motivam, que nos fazem levantar todas as manhãs, que nos fazem esperar por dias melhores — é que somos verdadeiramente guiados por nossa visão... Não é só a visão da empresa, mas cada um de nós tem claramente definido o que deseja realizar, e estamos agindo diária, semanal e mensalmente em direção a esses objetivos." Isso foi três anos depois do início do projeto. Quando ouvimos George pronunciar aquelas palavras, finalmente soubemos que tínhamos conseguido resultados significativos. Arriscaria dizer que finalmente atingimos a massa crítica. Porém, deixe-me reforçar esse ponto mais uma vez. Não pressionamos George. Os esforços e as conversas iniciais se mostraram totalmente inúteis. Em vez disso, colocamos nossas energias e esforços nos 20% que estavam de fato alinhados com o processo de pensamento, os embaixadores; e nos 50% que estavam muito cautelosos, os em cima do muro. Perceba que fomos capazes de realmente influenciar todos, até os detratores mais ostensivos, e de criar uma cultura que apoiava plenamente o foco nos resultados desejados.

## CAPÍTULO 2

# Reprograme seu cérebro para obter melhores resultados

Reconhecer que existe comprovação científica de que o cérebro pode ser modificado tem o poder de aumentar sua consciência e dar início ao processo de compreensão e aplicação desse conhecimento. Comece procurando formas de mudar sua mente intencionalmente e de gerar os grandes e pequenos resultados que deseja. Isto é importante: esse tipo de mudança *não é* um processo passo a passo; é um processo dinâmico que requer consciência constante, e você deve continuar trabalhando nele com assiduidade e persistência. Você deve praticar novos comportamentos em situações de maior e menor importância. Este capítulo revisita os nove fatores que dificultam a mudança de comportamento com um olhar nas estratégias que você pode usar para reprogramar seu cérebro e gerar melhores resultados.

### Supere os sulcos no cérebro construindo novas estradas

Livrar-se dos sulcos muito trilhados significa criar múltiplos caminhos em nosso cérebro. Precisamos nos envolver em atividades novas e diferentes para sair dos padrões a que estamos acostumados.

A analogia que costumo usar é a seguinte: imagine que você está em seu carro na Cidade pequena A. Você está na rua principal. Quando quer ir para a Cidade pequena B, normalmente tem duas escolhas: ir em uma direção ou na direção oposta na rua principal, e sairá da cidade rapidamente. Você já fez isso centenas de vezes. Você não tenta outras rotas porque sabe que essas duas o levarão para onde desejar ir. E se uma via lateral nova que corta dez minutos do tempo de viagem até a Cidade pequena B foi aberta recentemente, mas você ainda não sabe sobre ela? Você não se aventuraria por essa estrada quando precisa ir para a Cidade pequena B porque sabe que indo na direção norte pela rua principal chegará lá. Com o tempo, as notícias de que uma nova estrada para a Cidade pequena B foi aberta se espalham. Você a experimenta na vez seguinte em que precisa ir lá. Agora você sabe que há três formas de sair da Cidade pequena A e acrescenta a nova rota às opções catalogadas em seu cérebro.

Agora, você está em uma cidade grande e precisa sair dela. Em uma estrada você encontra obras; então, dirige-se para outra estrada. Na seguinte, há um trem atravessando-a, bloqueando o caminho. Provavelmente você mudará de direção. Há muitas estradas que pode escolher. Assim que encontra uma que leva para fora da cidade, você elabora uma nota mental da rua e dos pontos de referência para que possa encontrá-la novamente. As cidades grandes têm muitas estradas que levam para dentro e para fora delas, e você pode testar novas rotas ao longo do tempo e descobrir quais delas o levam a seu destino com o menor potencial de obstáculos. Todas elas ficam catalogadas em seu cérebro e lhe dão maior flexibilidade para evitar atrasos. Da mesma forma, quando temos múltiplos caminhos no cérebro, o processo de fazer mudanças é significativamente mais fácil.

## Crie novos comportamentos produtivos

Quando novos caminhos são criados, precisamos repetir os novos comportamentos para ganhar conforto e segurança. Dirigir por um caminho diferente para sair da cidade pode ter funcionado naquele momento em que as obras na estrada nos forçaram a tentar uma nova rota, mas sabemos que a mais usual é aquela com a qual estamos mais familiarizados. A menos que a rota alternativa prove ser mais rápida ou quase sempre menos congestionada, voltaremos ao comportamento familiar. Ao tentarmos a rota alternativa algumas vezes, começamos a lembrar de pontos de referência e a descobrir algumas outras formas para nos conectar com ela. Então ela se torna nossa porta dos fundos secreta para sair da cidade nas horas de grande movimento. As rotas adicionais que aprendemos acrescentam mais flexibilidade à nossa viagem.

## Facilite a saída das zonas de conforto ao de-sa-ce-le-rar

Na maioria das vezes, ao identificarmos o que queremos, estamos saindo de nossa zona de conforto. Mary pode querer obter melhores resultados nas reuniões de equipe em vez de apenas ficar sentada ouvindo o que os outros dizem. Ela decide que quer contribuir com, pelo menos, uma ideia proveitosa em todas as reuniões. Ela nunca se manifestara antes. O objetivo nessa situação é criar um diferencial, um diferencial pequeno, não imenso. Tentar forçar mudanças muito rapidamente estimula a amídala, provoca respostas emocionais associadas ao medo e às preocupações e libera cortisol, o que bloqueia a aprendizagem, a concentração e a criatividade.

Eis uma história que ilustra o processo:

Bárbara foi promovida para um novo cargo no qual iria falar com frequência para grupos. Eu ministrava dois cursos sobre apresentações de alto impacto naquela época. Um deles era um curso de 12 semanas que decompunha todo o processo das apresentações e forçava os participantes a manterem um ritmo constante. Esse era um excelente ponto de partida para a maioria das pessoas. O outro era uma oficina de dois dias na qual cobríamos, de maneira sucinta, o processo de preparação para uma apresentação e fazia um pouco de trabalho de preparação na prática; em seguida, os aprendizes se apresentavam na frente do grupo várias vezes enquanto eram filmados.

A empresa de Barbara a inscreveu na oficina de dois dias. Quando ela chegou, ficou imediatamente claro que até mesmo estar no grupo estava fora da zona de conforto dela. Ao se colocar na frente de todos para falar, sua resposta fisiológica à experiência se tornou evidente. Ela começou a suar frio e, em seguida, um rubor expandiu-se pescoço acima, cobrindo seu rosto por completo. Foi uma cena dolorosa de assistir.

Entramos em contato com a empresa dela e dissemos que achávamos que ela se sairia melhor no curso de 12 semanas. Como frequentemente acontece, a empresa queria que a situação melhorasse com mais rapidez porque não achava que havia tempo disponível para colocá-la em um programa de 12 semanas. Disseram que ela estava preparada e queriam que permanecesse na oficina de dois dias. Conversamos com Barbara. Ela nos disse que estava disposta a ficar, porém, as coisas não melhoraram. Durante dois dias, todas as vezes em que falava, Bárbara ficava nitidamente fora de sua zona de conforto. Não havia como a experiência ajudar em seu desenvolvimento. Sua resposta natural ao medo se instalava e disparava sua amídala, o que bloqueava a criatividade e a inovação. A empresa tentou forçá-la a mudar muito rapidamente.

## Crie mais caminhos em seu cérebro fazendo coisas novas e diferentes

A amídala se assusta com facilidade. Pequenos passos abrem novos caminhos em seu cérebro, os quais permitem que você reeduque a amídala. Isso libera serotonina possibilitando que você responda com criatividade, inovação e foco. Entre as coisas novas que você pode tentar estão: dirigir por um caminho diferente do trabalho para casa; aprender novas habilidades ou passatempos ou buscar aconselhamento com alguém que encare uma situação de forma nova e diferente.

## Tome atitudes para superar seus medos

Admita que você tem alguns medos e reconheça o que causa reações negativas a esses medos. Expresse-os e admita que os têm porque, ao admitir sua existência e ao expressá-los, você pode agir e tomar uma direção mais positiva.

O que o faz ficar receoso? Sei que, no meu caso, o que causa medo são o tédio e a pressão para me adequar ou ficar presa a uma atividade mundana. Esse é o tipo de coisa que me faz sentir medo, ficar ansiosa e reagir de uma maneira da qual não me orgulho muito.

Você tem o poder de orientar o próprio GPS (Global Positioning System, em inglês) para os projetos interessantes, pessoas generosas, colaborações e inovações reais e muito mais. No fundo, é uma questão de criar novos caminhos no cérebro.

## Reaja à falta de objetividade mostrando-se específico com relação ao que deseja

Quando as pessoas têm seus objetivos definidos com clareza, fazem o que for necessário para seguir adiante na estrada. Em vez de simplesmente dizer "Quero ser bem-sucedido", elas respondem a perguntas como: Como é o sucesso? Com quem quero trabalhar? Quem são meus clientes-alvo? Quais são meus projetos-alvo? Como serão esses projetos quando estiverem concluídos? Como trabalharei com outras pessoas ao longo do caminho? Qual será a dinâmica? Como enfrentarei os desafios? De que maneira darei feedback ou os outros darão feedback?

Respostas a perguntas desse tipo nos ajudam a estabelecer a objetividade de que precisamos. Em última análise, quando temos esse tipo de objetividade, é muito mais fácil agir.

## Visualize resultados ideais para aumentar a agilidade

Quando o que você deseja está bem claro, é possível imaginar os resultados na sua mente, e, quando se dedica a agir para alcançar seus objetivos, você será muito mais ágil. Eis um exercício que frequentemente uso:

Brian participará de uma reunião importante em breve. Os riscos são altos, e o resultado é desconhecido. Para ajudá-lo a se preparar, peço a Brian que finja que a reunião já aconteceu e que foi muito bem-sucedida. Continuo a fazer perguntas até que Brian consiga descrever a reunião com muitos detalhes. Pergunto a ele:

1. O que os participantes estão pensando? Ele responde: "Eles estão pensando que o assunto foi discutido com profundidade e de uma forma muito lógica. Estão pensando que têm informações suficientes para tomar decisões com relação aos próximos passos. Eles estão pensando nos próximos passos."
2. O que os participantes estão sentindo? "Eles estão se sentindo confiantes e estão prontos para agir e levar o projeto adiante. Eles sentem que suas preocupações foram ouvidas e tratadas de forma proativa."
3. O que você está pensando? "Estou feliz por ter ouvido primeiro e depois compartilhado nossas constatações. Estou pensando que foi muito útil a forma como tratamos as perguntas e as preocupações, e também como mantivemos a conversa concentrada no assunto. E estou feliz por ter incluído as visões dos outros nas recomendações."
4. O que você está sentindo? "Estou me sentindo confiante e comprometido com o projeto."

As respostas de Brian serviram como um guia importante quando ele entrou na reunião. Durante a reunião, algo foi dito por um participante que não foi interpretado da forma como Brian esperara. Naquele momento, ele tinha uma expectativa tão clara do que iria acontecer e do que todos estavam pensando e sentindo que entrou em ação. Brian me contou: "Tratamos as perguntas e as preocupações dos participantes de uma forma sistemática. Mantivemos a conversa concentrada no tema central e redirecionamos a comunicação de forma bem-sucedida quando ela começou a desviar do tema. Solicitamos ideias para a ação no projeto e conseguimos compartilhar nossas constatações e recomendações ao mesmo tempo em que incluímos os pensamentos e as ideias de todos os participantes, deixando todos se sentindo envolvidos e parte do sucesso do projeto."

Brian conseguiu conduzir a reunião para um resultado positivo. Agindo a partir dessa posição de intenção, a serotonina foi liberada dentro do cérebro dele; e Brian imediatamente respondeu com criatividade e inovação.

Reconheça o valor da agilidade e da criação de mais caminhos em seu cérebro, de forma que você, como Brian, aja com maior objetividade. Você será capaz de fazer transições com facilidade em situações reais, porque já repassou tudo antes em sua mente.

## Crie hábitos de relacionamento produtivos associando-se a pessoas inovadoras

Relacione-se com pessoas que têm um espírito positivo. Reconheça o poder dos neurônios-espelho; lembre-se do macaco cujas conexões sinápticas eram colocadas em funcionamento quando ele pegava o amendoim ou quando observava o cientista pegá-lo. Sua mente absorve as informações — sejam elas positivas ou negativas — das pessoas com quem você se relaciona. Você ouve o que elas estão falando; como respondem às situações e tudo mais sobre elas. Esteja certo de que elas são o tipo de pessoa que produzirá caminhos desejáveis em seu cérebro.

## Crie resultados positivos em um ambiente VICA

Para enfrentar o ambiente VICA — volatilidade, incerteza, complexidade e ambiguidade —, Bob Johansen, do Institute for the Future, afirma que é necessário ter compreensão e consciência do que está acontecendo no mercado. Tenha uma visão clara e saiba o que quer pessoal e profissionalmente para si mesmo, para sua equipe e para a empresa. Lembre-se da realidade *Veja carros vermelhos*: você consegue mais *daquilo em que* se concentrar. Quando você age com curiosidade e com um desejo de aprender e compreender, permanece aberto a novas ideias, o que permite movimentar-se melhor em um ambiente VICA e criar resultados positivos. Os que agem de maneira efetiva, apesar do ambiente VICA, serão infinitamente mais bem-sucedidos.

## Mudar é um trabalho árduo

Gerar mudanças exige trabalho árduo porque você está pedindo a seu cérebro que abra novos caminhos que ainda não foram construídos. Gosto de usar esta história para ilustrar o argumento: logo após o Natal do ano passado, tivemos aproximadamente 25cm de neve em Minnesota. Eu estava animada porque adoro andar com sapatos próprios para a neve — amarrar calçados do tamanho de uma raquete de tênis nas botas para conseguir andar sobre a neve (os sapatos de neve distribuem o peso corporal sobre uma área maior, de maneira que os pés não afundam completamente na neve). Eu amarrei meus sapatos de neve e comecei a andar — melhor dizendo, comecei a me arrastar. Não havia nenhum caminho trilhado ainda; portanto, foi necessário fazer um esforço adicional. Um passo intencional após outro. Embora estivesse frio, comecei a suar. Tirei o casaco. Continuei pensando, *Por que não volto agora?* Era um trabalho árduo. No dia seguinte, quando saí, foi muito menos desafiador. Andar sobre a neve ainda era difícil porque os caminhos ainda não estavam bem-formados, mas foi necessário um pouco menos de esforço do que no primeiro dia. O terceiro dia foi menos desafiador porque eu já tinha feito aquele caminho algumas vezes. Depois de percorrê-lo por quatro ou cinco vezes já não foi nada difícil.

Antes de agir, quando novas informações são apresentadas, identifique a qual grupo você pertence:

20% Acreditam no foco no que desejam. Estimulados com as novidades. Totalmente dispostos.

50% Neutros. Faz sentido que concentrar-se no que você deseja é melhor, mas não acredita totalmente na ideia.

30% Totalmente resistente. Você não consegue entender. É tudo um monte de besteira.

Se você está em um dos primeiros dois grupos e quer tentar influenciar o comportamento dos outros, é importante reconhecer em que grupo eles estão, porque as pessoas precisam querer mudar. Lembro-me de que, quando era muito jovem, percebi que minha mãe estava no grupo dos 30% (uma detratora). Ela se concentrava no que não queria e obtinha cada vez *mais* daquilo. Ao se aproximar de uma porta com uma chave na mão, ela falava para si mesma: "Aposto que girarei a chave na direção errada" ou "Não conseguirei descobrir como ela funciona". E então, ah!, ela não conseguia fazer a chave funcionar. Invariavelmente, era necessária a intervenção de alguém para girar a chave com facilidade, e ela desviava o olhar com uma expressão triste e murmurava alguma forma de autodepreciação. Inicialmente, eu achava o processo doloroso, mas logo percebi que ela provocava essa situação para si mesma.

Tentei, de forma juvenil e inocente, ajudá-la a ver uma saída. Nunca consegui fazê-la entender.

Ingenuamente, aos 23 anos, escrevi o que pensava ser uma carta de estímulo e inspiração. Acreditava que ela poderia ser mais feliz e que era capaz de tantas coisas, e estava determinada a ajudá-la a reconhecer que a solução era muito simples. Após enviar a carta, esperei por seu telefonema. Ela não ligou. Quando a procurei, ela falou sobre a carta sem rodeios. "Eu sou assim mesmo", disse. "Estou acostumada a ficar decepcionada com os resultados em minha vida e, francamente, não quero mudar." Ela foi gentil e doce. Não foi um momento de confronto. Foi um momento de entendimento.

Todos nós conhecemos e nos preocupamos com pessoas cujos pensamentos e comportamentos criam circunstâncias que não são positivas. Temos de reconhecer que elas precisam chegar a um entendimento sobre essas questões por si mesmas e no seu próprio tempo — e que algumas nunca chegarão a esse ponto.

### Como isso se aplica ao mundo dos negócios?

Quando converso com pessoas que estão no grupo dos 20% (embaixadores) ou no grupo dos 50% (em cima do muro), elas reconhecem a tendência natural das pessoas de concentrar-se no que não querem, e quando voltam para o ambiente de trabalho, rapidamente percebem que há muito disso acontecendo. Elas se tornam extremamente conscientes dessa situação. Percebem que as pessoas ao redor delas estão concentradas no que não querem. Reconhecem tal predominância e perniciosidade, e de fato sentem necessidade de mudar porque sabem que essa atitude mental negativa está atrapalhando. É aí que a frustração entra em jogo, porque, como você sabe, "Você pode levar um cavalo até a água, mas não conseguirá obrigá-lo a bebê-la". As pessoas precisam *querer* mudar.

Nessas situações, aconselho as pessoas a criarem sinalizações e avisos para si mesmas (isto é, gatilhos de memória Carros Vermelhos) que agem como lembretes para que se concentrem no que querem. Pense nisso da seguinte forma: quando você está dirigindo em uma estrada, frequentemente encontra placas de sinalização. Essas placas servem para lembrá-lo do limite de velocidade e para informá-lo de que você está no caminho certo. Você precisa, em sua vida pessoal, de algum tipo de gatilho visual ou emocional que refresque sua memória quando se deparar com situações novas e diferentes. Você pode estar caminhando e concentrando-se no que quer até que algo inesperado surge de repente. Nessas situações, seja o que for que tenha escolhido como sua placa de sinalização (A visão de um carro vermelho? Os bons sentimentos que tem quando consegue alcançar o resultado desejado? A imagem em sua mente do que é uma reunião bem-sucedida e de como se sente nela?), isso deve surgir em sua mente e refrescar sua memória com relação ao que quer que aconteça. Descubra formas de criar esses tipos de lembretes para si mesmo. Assim como as placas em uma estrada, elas o informarão que você está no caminho certo, e você responderá de maneira positiva.

A beleza da metáfora *Veja carros vermelhos* é a abundância de objetos vermelhos que você pode usar como gatilhos visuais, auditivos e táteis. (Veja a seção de gatilhos no final deste livro para ter ideias.) Vista roupas vermelhas; coloque objetos vermelhos em seu ambiente de trabalho; use protetores de tela Carros Vermelhos no computador ou no celular; ou até mesmo compre um carro vermelho! Muitas pessoas constroem um programa de longo prazo com sugestões e eventos Carros Vermelhos (por exemplo, histórias em vídeo, atividades em grupo) para tornar a experiência mais abrangente e manter os conceitos próximos a eles. Com consciência constante auxiliada pelos gatilhos de memória Carros Vermelhos, você *reprogramará* seu cérebro e alcançará os resultados desejados.

## CAPÍTULO 3

# Aja de acordo com seus pontos fortes e controle o que você pode

O êxito total com a atitude mental *Veja carros vermelhos* começa por conhecer a si mesmo. Se você sabe o que o inspira, o que de fato desperta seu interesse e conhece seus pontos fortes, eles são seus; *eles são sua propriedade intelectual*. Você pode levá-los para onde quiser. O que derruba as pessoas é o desafio de *manter o foco intencional* em suas paixões, interesses e pontos fortes. Se você não os evoca, não os reconhece e não age de acordo com eles intencionalmente, sua tendência natural para voltar a pensar naquilo que teme e no que está tentando evitar triunfará. Lembre-se: você obtém mais *daquilo em que se* concentrar.

Comece por conhecer suas paixões, interesses e pontos fortes e, depois, dedique constantemente toda a sua atenção àquilo que *pode* controlar, juntamente com o que quer e está se empenhando para conseguir. Crie para si imagens mentais dos resultados desejados e dos sentimentos associados à realização desses desejos e escolha objetos vermelhos ou itens para lembrá-lo desses resultados. Em outras palavras, *Veja carros vermelhos*. Nos momentos em que sua atitude mental para os resultados positivos for desafiada, imagine seus gatilhos de memória Carros Vermelhos e volte rapidamente à consciência e à ação. Você consegue. Funciona.

## Aja de acordo com seus pontos fortes

O que em geral acontece é que as pessoas terminam o ensino médio, vão para a faculdade e ingressam no mundo do trabalho. As pressões para pagar as contas, constituir uma família, e subir na carreira fazem com que elas aceitem oportunidades que não estão em sintonia com suas paixões, seus interesses e pontos fortes. Nesse momento, elas se sentem presas em uma armadilha. Porém, nunca é tarde para reconsiderar e concentrar-se no que verdadeiramente o motiva.

Há muito tempo, as empresas americanas valorizam os funcionários que conseguem desempenhar múltiplas tarefas. Isso faz com que as pessoas fortaleçam seus músculos profissionais em todas as formas possíveis. Porém, quando não estão fazendo um trabalho interessante, o qual não utiliza seus pontos fortes, e que não é agradável, é como empurrar um elefante escada acima.

Reforçar nossos pontos fortes é exatamente o oposto. Revela o melhor em nós. É o tipo de trabalho em que nos perdemos. Quando estamos tentando ser tudo para todos, é fácil terminar no caminho que nos mantêm ocupados e que paga nossas contas, mas rende pouca satisfação e nos exaure.

## Quais são seus pontos fortes?

É importante detalhar suas paixões e pontos fortes. Para alguns, a palavra *paixão* é um pouco forte. Talvez você fique mais à vontade com o termo *interesse*. Então, pelo que você está apaixonado ou o que realmente o interessa? Quando você está fazendo um trabalho pelo qual está apaixonado, não se dá conta do tempo dedicado a ele e se enche de energia. Procure os momentos e as atividades em que se perdeu. Reflita sobre seu passado, até mesmo volte à sua juventude. Pelo que era apaixonado e quais eram seus interesses? Saber disso é o lugar por onde começar. Se não sabe ainda, continue tentando até que se revele para você. Com a determinação correta, o estudo e a conversa, você os descobrirá.

Como você reconhece um ponto forte? Para início de conversa, ele se apresenta facilmente para você. Na realidade, provavelmente vem tão fácil que você nem dá o devido valor. Com frequência, negligenciamos e subestimamos o bem que podemos fazer quando agimos de acordo com nossas paixões e pontos fortes. É necessário muito menos esforço do que qualquer outra coisa, e isso canaliza nosso melhor para o projeto ou o desafio. É exatamente do que as empresas precisam atualmente.

Antes de eu apresentar o Conjunto de Ferramentas Carros Vermelhos para mapear seus pontos fortes pessoais e suas declarações "Eu quero", mostrarei um exemplo preenchido por Joe, um contador que trabalha há cinco anos. Ele preencheu as seguintes atividades "Pessoais" do Conjunto de Ferramentas Carros Vermelhos.

*Ferramenta 1*. Paixões/Interesses e Pontos fortes
*Ferramenta 2*. Paixões/Interesses, Pontos fortes e Valores
*Ferramenta 3*. Lista de realizações
*Ferramenta 4*. Roda bem-equilibrada
*Ferramenta 5*. Declarações "Eu quero" bem-equilibradas
*Ferramenta 6*. Planilha de ponte

Neste momento, examine apenas o exemplo de Joe antes de começar. Fornecerei instruções a seguir.

| PAIXÕES E INTERESSES | PONTOS FORTES |
|---|---|
| Análise | Analítico |
| Resolução de problemas | Autoridade |
| Tema de especialização — saúde | Eficiente |
| Projetos complexos de longo prazo | Estratégia |
| Relacionamentos de longo prazo com clientes | Responsabilidade |

**Ferramenta 1** Paixões/Interesses e Pontos fortes de Joe

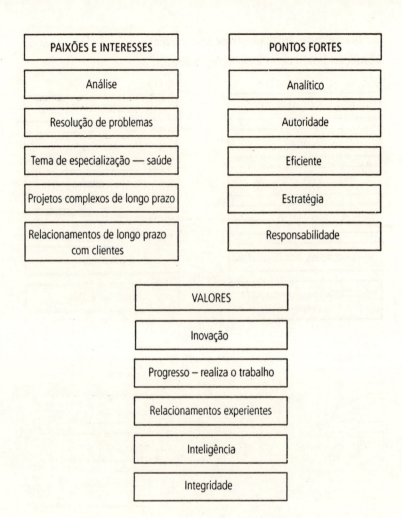

*Ferramenta 2* Paixões/Interesses, Pontos fortes e Valores de Joe

## LISTA DE REALIZAÇÕES
*Para um eu equilibrado*

### O que eu quero...

- [ ] Eu quero trabalhar com algo que seja interessante e desafiador para mim.
- [ ] Eu quero ser um gerente aos 30 anos.
- [ ] Eu quero trabalhar para uma empresa que tenha uma missão na qual acredito.
- [ ] Eu quero contribuir regularmente com o percentual máximo em minha conta investimento.
- [ ] Além do plano de previdência da empresa, eu quero investir um adicional de 10% de minha renda.
- [ ] Eu quero me exercitar três vezes por semana.
- [ ] Eu quero correr uma maratona.
- [ ] Eu quero aprender a preparar refeições saudáveis.
- [ ] Eu quero ter um grupo pequeno de bons amigos.
- [ ] Eu quero me casar com minha melhor amiga e passar a vida inteira com ela.
- [ ] Eu quero ter uma família e colocá-la em primeiro lugar na minha vida.
- [ ] Eu quero viajar para a Itália.
- [ ] Eu quero ir a um evento esportivo ou musical todo mês.
- [ ] Eu quero fazer trabalho voluntário todo mês.

*Ferramenta 3* Lista de realizações de Joe

# RODA BEM-EQUILIBRADA

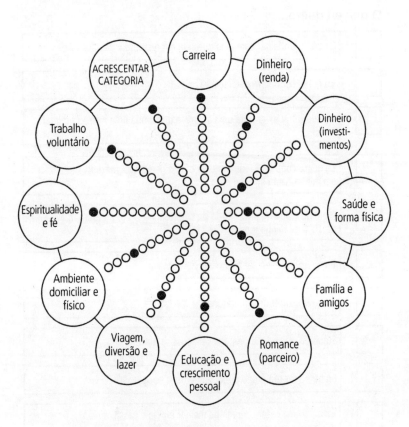

*Ferramenta 4* Roda bem-equilibrada de Joe
Observe a posição dos pontinhos pretos. O centro da roda é zero e o perímetro é 10.

## DECLARAÇÕES BEM-EQUILIBRADAS

### CARREIRA

No próximo ano, eu quero ter uma carreira de que goste, na qual me sinta desafiado e valorizado.

### DINHEIRO (RENDA)

Eu quero investir o percentual máximo permitido em meu plano de previdência.
Eu quero ganhar a quantia x nos próximos 18 meses.

### DINHEIRO (INVESTIMENTOS)

Eu quero investir pelo menos 10% de minha renda líquida no mercado de ações ou no mercado imobiliário todo mês ou anualmente.

*Ferramenta 5* Declarações "Eu quero" bem-equilibradas de Joe.

## PONTE PARA UM VOCÊ BEM-EQUILIBRADO

| Onde estou/estamos: | O que quero/queremos: |
|---|---|
| Eu ganho x por ano.<br>Não invisto acima ou além do meu plano de previdência.<br>Faço exercícios físicos esporadicamente e estou em péssima forma física.<br>Não saio muito. Não planejo e, consequentemente, o tempo simplesmente parece passar voando.<br>Gosto de tecnologia, mas sinto a necessidade de aprimorar minhas habilidades | Eu quero ganhar a quantia x nos próximos 18 meses. (Dinheiro – renda)<br>Eu quero investir pelo menos 10% de minha renda no mercado de ações ou no mercado imobiliário todo mês. (Dinheiro – investimentos)<br>Eu quero fazer musculação duas vezes na semana e exercícios aeróbicos três vezes na semana. (Saúde e forma física)<br>Eu quero planejar uma atividade especial por mês com a família/os amigos. (Família e amigos)<br>Eu quero ler um livro por mês. (Educação e crescimento pessoal) |

| Essenciais: | Importante, mas não necessário: |
|---|---|
| Eu quero ganhar a quantia x nos próximos 18 meses. (Dinheiro – renda)<br>Eu quero fazer musculação duas vezes na semana e exercícios aeróbicos três vezes na semana. (Saúde e forma física)<br>Eu quero planejar uma atividade especial por mês com a família/os amigos. (Família e amigos) | Eu quero investir pelo menos 10% de minha renda no mercado de ações ou no mercado imobiliário todo mês (Dinheiro – investimentos)<br>Eu quero ler um livro por mês (Educação e crescimento pessoal) |

*Ferramenta 6* Planilha de ponte de Joe

Agora que já viu o exemplo de Joe, complete você também as suas atividades. O primeiro passo é identificar seus pontos fortes. Na minha linha de trabalho, tenho tido a sorte de usar numerosas ferramentas de avaliação que foram testadas por meio de análises completas de 10 mil pessoas. Elas ajudam as pessoas a identificarem com precisão seus pontos mais fortes e a alinhá-los com suas paixões e seus interesses. Elas ajudaram as pessoas a reformularem seus futuros. Se você deseja completar uma avaliação, recomendo *StrengthsFinder 2.0* [Descobridor de pontos fortes 2.0], de Tom Rath, e *Descubra seus pontos fortes*, de Marcus Buckingham e Donald Clifton.

Buckingham e os pesquisadores na organização Gallup analisaram os resultados de entrevistas conduzidas com mais de 1,7 milhão de funcionários de 101 empresas representando 63 países. Quando indagados, apenas 20% responderam que estavam usando seus pontos fortes diariamente. Convenhamos, os adultos reconhecem que não gostam do que estão fazendo 100% das vezes. Eles sabem que trabalho é trabalho, não se trata de um dia em um parque de diversões. Descobri que, se as pessoas estão apaixonadas pelo trabalho que estão fazendo ou interessadas nele, e estão agindo de acordo com seus pontos fortes, 60% do tempo elas avaliarão sua experiência de trabalho positivamente. Mas, se essa taxa não alcançar 60%, mesmo que por pouco, a grama parecerá certamente mais verde no vizinho, e elas começarão a procurar outras oportunidades, ou de outra forma, a se ausentar psicologicamente, revertendo ao piloto automático e buscando gratificação em outras áreas de sua vida.

É possível que você ache que já conhece seus pontos fortes, mas, ainda assim, eu o incentivo a preencher uma avaliação. Ela fornecerá insights que o guiarão. Quando você conhece seus pontos fortes, consegue alavancá-los. Você será capaz de articular mais fácil e claramente como seus pontos fortes trabalharão a favor do projeto, da sua equipe e da empresa. Todos saem ganhando.

A seguir, estão os passos para completar as atividades Carros Vermelhos.

*Conjunto de Ferramentas* **CARROS VERMELHOS**

| PAIXÕES E INTERESSES | PONTOS FORTES |
|---|---|
|  |  |
|  |  |
|  |  |
|  |  |
|  |  |

*Ferramenta 1* Registre suas Paixões/Interesses e Pontos fortes

Baixe o arquivo em formato PDF do Conjunto de Ferramentas Carros Vermelhos em www.vejacarrosvermelhos.com (Suas respostas alimentarão automaticamente os dados nas páginas subsequentes em que as categorias aparecem.) Digite as palavras que você acha que melhor descrevem seus pontos mais fortes. Os 34 temas e ideias de *StrengthsFinder 2.0* poderão ajudar:

*Adaptabilidade*: Você responde voluntariamente às demandas do momento.

*Agregador*: Você quer incluir as pessoas e fazê-las se sentirem parte do grupo.
*Analítico*: Você pensa: "Prove. Mostre-me por que o que está afirmando é verdade."
*Aprendiz*: Você adora aprender.
*Ativador*: Você quer saber: "Quando podemos começar?"
*Autoconfiança*: Você acredita em seus pontos fortes.
*Autoridade*: Você tem valores importantes e permanentes.
*Comando*: Você prefere liderar e assumir o controle.
*Competição*: Quando olha para o mundo, você compara. O desempenho dos outros é o parâmetro fundamental. E, quando você ganha, não há sentimento igual.
*Comunicação*: Você gosta de explicar, descrever, recepcionar, falar em público e escrever.
*Concatenação*: Você sente que as coisas acontecem por uma razão. Você é atencioso, afetuoso e tolerante.
*Concepção*: Você é fascinado por ideias.
*Consistência*: O equilíbrio é importante para você. Você tem consciência da necessidade de tratar as pessoas de forma igual, não importa a posição delas na vida ou na empresa.
*Contexto*: Você olha para trás porque é lá que estão as respostas.
*Contribuição*: Você é curioso.
*Deliberativo*: Você é cuidadoso e vigilante.
*Disciplina*: Seu mundo precisa ser previsível.
*Empatia*: Você pode sentir as emoções dos outros a seu redor.
*Estratégico*: Você é capaz de analisar a confusão e encontrar o melhor caminho.
*Foco*: Você precisa de um objetivo claro que oriente suas ações.
*Fomentador*: Você vê o potencial nos outros.
*Futurista*: Você é o tipo de pessoa que adora olhar para além do horizonte.
*Galanteio*: Você é bom em conquistar a simpatia dos outros.

*Harmonia*: Você procura áreas de concordância.
*Importância*: Você quer ser muito importante aos olhos de outras pessoas.
*Individualização*: Você está intrigado com as qualidades únicas de cada pessoa.
*Intelecção*: Você gosta de pensar. E gosta de atividades mentais.
*Maximização*: Você gosta de transformar algo promissor em algo excelente.
*Organizador*: Quando você está em uma situação complexa, que envolve muitos fatores, gosta de controlar todas as variáveis.
*Positivismo*: Você é generoso com os elogios, tem um sorriso fácil e sempre procura o lado positivo em uma situação.
*Realizador*: Você tem uma necessidade constante de realização.
*Relacionador*: Você se cerca de pessoas que já conhece.
*Responsabilidade*: Você está determinado a continuar até o fim para completar algo com que está comprometido.
*Restaurador*: Você adora resolver problemas.

Em Paixões e Interesses, digite palavras que descrevam aquilo pelo qual está apaixonado ou pelo qual tem um forte interesse, como, por exemplo, ajudar os outros, aventurar-se ou resolver problemas complexos. Talvez seja a fé, o ensino ou a oratória. Concentre-se no que faz *seu* coração disparar.

Assim que você identifica o que o motiva — suas paixões e interesses pessoais e seus pontos fortes —, fica mais fácil ser fiel a esses guias e responder às situações e escolhas com as quais se defronta. A história de Billy McLaughlin é um exemplo incrível do poder da escolha — até mesmo contra o que parece ser um obstáculo insuperável à primeira vista — de ser fiel aos pontos fortes pessoais e, por fim, alcançar o sucesso.

Quando algo inesperado ocorre, aqueles que não apenas sobrevivem, como prosperam, são os que permanecem focados no que desejam e no que *podem* controlar. Eles talvez precisem gastar algum tempo sofrendo ou se afligindo, mas, em seguida, levantam, sacodem a poeira e começam a se concentrar no que podem fazer para voltar ao rumo certo.

Entrevistei Billy para o programa de televisão *Life to the Max*. Por vinte anos, nas décadas de 1980 e de 1990, Billy chamava a atenção de milhares de pessoas. Ele era um guitarrista e compositor reconhecido internacionalmente e era considerado o músico dos músicos. Suas apresentações eram solo, e a atenção se voltava toda para ele. Repentinamente, dois dedos da mão direita, sua mão dominante, começaram a se curvar sem razão. Por três anos, ele buscou respostas para o que estava acontecendo desesperadamente. Foi a todos os médicos e a todos os especialistas que pôde encontrar. Ninguém conseguia explicar. Finalmente, foi ao Sister Kenny Institute, em Mineápolis, Minnesota, para ser examinado por Jeanine Speier, que lhe disse: "Billy, você tem distonia focal." Trata-se de uma doença neuromuscular incurável que afeta as pessoas de maneiras diferentes. No caso de Billy, ela afetou dois dedos de sua mão dominante. A Dra. Speier olhou para Billy e disse: "Acredito que seja hora de encontrar outra profissão." Essa mensagem abateu Billy por um tempo. Ele ficou arrasado. Mas, uma manhã, acordou e disse para si mesmo: "Posso me concentrar no que não consigo controlar ou posso me concentrar no que *consigo* controlar."

O que Billy tinha a seu favor eram fãs e um mercado comprovado para o seu trabalho. Só o que tinha mudado eram dois dedos em sua mão dominante. Ele ainda tinha a mão esquerda funcionando perfeitamente, seus dons musicais inatos e disposição de se esforçar para se reinventar. Ele disse para si mesmo: "Não posso controlar essa doença e sei que não há tratamento para ela. Porém, o que posso controlar é o lado esquerdo do meu corpo." Billy começou uma busca para reaprender a tocar com a mão esquerda — sua mão não dominante. É semelhante a aprender a falar uma língua — todas as palavras em seu vocabulário — de trás para a frente. Billy se trancou em um quarto e começou a praticar. Ali estava um músico que atraíra multidões em um quarto tocando "Mary Had a Little Lamb" extremamente mal. Perguntei a ele na entrevista: "Billy, o que você aprendeu com essa experiência?" Ele respondeu: "Aprendi a ficar à vontade sendo realmente ruim em alguma coisa porque, não importa o que seja, quando você está aprendendo algo novo, será muito ruim no começo."

Essa parte da entrevista realmente ficou registrada em minha mente porque é exatamente a mensagem que transmito para as pessoas resistentes a mudanças. Digo-lhes: "Quando você vivencia a adversidade, se tem a capacidade de concentrar a mente no que pode controlar e no que quer, é quase certo de que será extremamente difícil a princípio, e você provavelmente começará sendo de fato ruim no que quer que esteja tentando fazer, mas persista. Levará algum tempo, mas você, como Billy, gradualmente atingirá a fluidez e ficará à vontade e confiante até mesmo nas situações mais desafiadoras. Você se sairá bem."

Em 2010, quando estou escrevendo este livro, Billy está de volta. Ele está tocando no mesmo nível, se não melhor do que fazia antes da distonia. Ele treinou sua mente para superar esse grande obstáculo. Agora não só voltou a ser o músico fenomenal que era antes do problema de saúde, mas sua história de sucesso surpreendente se tornou um exemplo de vida para outros.

Essa necessidade de se adaptar e trocar de marchas também ocorre nas empresas. Infelizmente, não importa o quanto você adore o trabalho que fez no passado ou o quanto foi bem-sucedido com ele. Quando o mercado muda, você deve trocar de marcha e adquirir músculos onde atualmente há gordura ou sucumbirá! É melhor começar a fazer musculação.

Recentemente, tive uma conversa com o sócio de uma empresa de design extremamente bem-sucedida. O diretor disse: "A forma como nos conectamos com os clientes mudou. Nossos métodos antigos não produzem mais os resultados que produziam, e as ferramentas e as tecnologias disponíveis permitem que os concorrentes mostrem suas mercadorias aos clientes de maneiras extremamente interativas e muito reais. Isso é muito atraente para os clientes. Temos uma empresa com alguns dos melhores designers da cidade, mas nossos métodos de comunicação e as ferramentas que sempre empregamos para transformar os conceitos de nossos clientes em realidade são antiquadas e nos fazem parecer desorganizados e ultrapassados. Se quisermos progredir, teremos de projetar uma nova visão que exija uma mudança em nosso pensamento e o domínio de tecnologias e ferramentas novas." Da mesma forma que Billy McLaughlin, se as pessoas na empresa de design gostam de seu trabalho, terão de se contentar em serem realmente ruins a princípio e se comprometerem a trabalhar arduamente para reduzir a distância entre o que são agora e onde precisam estar. É provável que seja difícil e não muito agradável por algum tempo. Isso é verdade para muitas pessoas, equipes e organizações. O que uma vez funcionou, não funciona mais, e a troca de marchas será desafiadora. Mas, por favor, *troque*. Precisamos de você.

Portanto, pense — *do que gosto tanto a ponto de ter disposição para me esforçar ainda mais? O que estou disposto a fazer mesmo me sentindo desconfortável e estranho no início, sabendo que, com a prática e a persistência, me tornarei dinâmico, confortável, confiante e extremamente feliz?*

## O que você pode controlar?

Quando falo para grupos sobre mudança, refiro-me à capacidade de ser adaptável a elas. Gosto de dar o exemplo de Nova York. O sentimento frequente de quem chega a Nova York é "Se eu pudesse simplesmente fazer essas pessoas desacelerarem, tudo ficaria bem." Porém, qualquer um que já esteve em Nova York sabe que é preciso simplesmente aumentar o ritmo e se movimentar na mesma velocidade das outras pessoas, e logo entrará no ritmo.

Outra forma de lidar com a questão é ter a habilidade de acompanhar o fluxo. Conto uma história de quando era criança e tínhamos um pequeno riacho em nossa propriedade. Uma primavera foi especialmente chuvosa, e a água subiu muito além das margens do riacho. O riacho se tornara um corpo de água gigantesco. Estava andando na beira dele quando a força da corrente me desequilibrou. Nadei de modo frenético contra a corrente. Meu pai estava ao lado da água e gritou: "Laura! Vire! Nade na direção da corrente! Vire agora!" Ele gritava enquanto corria para a margem na direção em que a corrente fluía. Finalmente, virei e comecei a nadar junto com ela, e então consegui nadar até a margem.

Contei essas duas histórias em uma apresentação para um grupo de engenheiros. No final da apresentação, um engenheiro se aproximou e me contou sua história. John liderara um projeto para seu ex-empregador. Ele me disse que se sentia muito orgulhoso do projeto. Um dia, um dos diretores da empresa anunciou que uma parte do negócio iria acabar. Não iria mudar; simplesmente acabaria. Era seu projeto. Naquele momento, ele disse que desmoronou. "Naquele momento, perdi minha alma", contou-me.

Após o anúncio ter sido feito, John olhou ao redor da sala e viu que os outros também estavam reagindo à situação, mas a maioria não estava reagindo da mesma forma dramática que ele. Então, pensou: "Eles são sortudos por terem recebido esse dom, a capacidade de mudar e de adaptar sua maneira de ser. Eu queria muito ser assim." Ele sentia que era incapaz de mudar. Ele acabou perdendo o emprego. Outro engenheiro que desempenhava um papel de liderança no projeto foi deslocado para um novo projeto e seguiu em frente com facilidade.

John disse que, no final, percebeu que de fato tinha uma escolha. "O que eu precisava fazer era acompanhar o fluxo. Outros também não tinham esse dom; eles tinham feito uma escolha." Tivesse John reagido favoravelmente e teria sido deslocado para outro projeto como seu colega. John disse que aprendeu a lição da forma mais difícil e que nunca mais seria deixado para trás. Aprendeu que tinha uma escolha; simplesmente não fez a escolha certa.

A moral dessa história é que nunca foi tão importante se adaptar a mudanças como agora, neste ambiente de mudança dinâmica. Concentre-se no que quer e acompanhe o fluxo. Aja sobre o que *pode* controlar.

## O que você quer neste exato momento?

Ensinar a atitude mental *Veja carros vermelhos* não significa automaticamente usá-la. Quando dirigiu uma academia de treinamentos anuais para a Edelman em Bangkok — uma empresa de relações públicas internacional —, David Chard experimentou seu momento *Carros Vermelhos* e precisou que sua memória fosse despertada por sua assistente.

A academia tinha cinco anos e seu foco era na atitude mental de liderança. No primeiro dia, David começa com um exercício de conscientização para que os participantes possam sentir como a mente filtra as informações. Ele explica que, quando o filtro inconsciente está focado no negativo — ou no que não se deseja —, inevitavelmente mais negatividade é atraída. Porém, quando ele está conscientemente concentrado no que se *quer* e a consciência está no aqui e agora, é mais fácil obter o que se deseja.

Ele exibe o filme *Veja carros vermelhos* e usa discussões e atividades para ajudar os participantes a verem como podem usar o conceito Carros Vermelhos nos negócios e nas experiências diárias no escritório. De vez em quando, momentos Carros Vermelhos ocorrem quando as pessoas ficam paralisadas, e ele ajuda o grupo a reconhecer o que está acontecendo e, em seguida, a reler suas declarações "Eu quero". "A consciência lhe dá a oportunidade de intervir nela", diz Chard.

"O conceito global da atitude mental de liderança é a crença de que os líderes precisam ser pessoas conscientes", explica Chard. "O domínio de algo vai muito além de simplesmente 'conhecê-lo'. Quando se consegue fazer algo inconscientemente, sem pensar no que se está fazendo, então chegou-se ao domínio. Essa habilidade vem de fazer algo repetidamente até que a mente inconsciente toma precedência sobre a mente consciente e permite que as coisas simplesmente 'fluam' quando necessário."

A melhor parte dessa história é que, em 2010, a aprendizagem real aconteceu fora da academia em si. David explicou: "Tínhamos 66 pessoas viajando para Bangkok por uma semana para a academia." Na chegada, David e alguns dos membros da equipe foram buscar os materiais na alfândega. Os funcionários da alfândega estavam preocupados com algo e negaram a solicitação para liberar as caixas. Todos os materiais para a academia estavam naquelas caixas. Eles tentaram, sem sucesso, argumentar com os funcionários da alfândega. Nada funcionou. Por fim, David se sentiu frustrado. O treinamento estava programado para começar em questão de horas, e eles não tinham material algum. Eles se sentiam derrotados. Após alguns minutos, seu assistente se dirigiu a David e disse: "David, temos de nos concentrar no que queremos imediatamente. O que queremos?" Naquele exato instante, ele explicou, e todos ficaram muito à vontade. Conseguiram a aprovação, foram para a cidade e encontraram os recursos de que precisavam para fazer as camisetas, copiar os materiais e criar a sacolas de boas-vindas e tudo mais que era necessário para fazer a High Potential Leadership Academy *Veja carros vermelhos*. David falou que, assim que mudaram o pensamento, conseguiram imediatamente propor soluções inovadoras para reverter a situação.

Momentos de estresse e momentos de mudança são situações ideais para colocar a mente de volta à consciência. Faça uma pausa antes que as emoções tomem o controle. Esses são os momentos em que a tendência natural para se concentrar no que não se deseja normalmente aumenta de intensidade, vem à superfície e o consome. Saber como se comportar e como responder ao estresse lhe dá a atenção necessária para lidar com essas situações.

## Levando os "Eu quero" para a equipe e para a empresa

Quando uma mudança ocorre, ou quando você é confrontado com um evento estressante, é preciso responder imediatamente a seguinte pergunta: "O que eu quero?" Mais uma vez, a pergunta crucial a ser feita é: "O que eu *posso* controlar?"

John, o engenheiro, não poderia controlar o fato de que seu projeto favorito estava fracassando, mas poderia controlar sua reação. Precisamos criar caminhos em nosso cérebro para que, quando encontrarmos uma mudança, quando houver uma bifurcação na estrada, nossa mente se dirija imediatamente ao lugar das soluções, das inovações, da criatividade, do foco e da aprendizagem. Para David Chard e sua equipe em Bangkok, todos esses recursos surgiram imediatamente assim que fizeram aquela mudança. É fácil ver nessas histórias como isso se aplica aos indivíduos. Precisamos ir além e também aplicar esses princípios às equipes e, por fim, às empresas.

Aviso: é importantíssimo implementar a atitude mental *Carros Vermelhos* no contexto do que está ocorrendo no mercado. O foco no que você quer pessoalmente deve levar em conta o que está se passando a seu redor. E o mercado atual é caótico. A incerteza é extrema, o que torna a tendência natural de focar no que não queremos até mais dominante.

As empresas do futuro devem compreender e comunicar sua visão — o que elas querem —, mas, à medida que as demandas vão mudando, elas também precisam se adaptar ao mercado de modo que possam se movimentar com sucesso nas curvas fechadas da estrada. Reflita por um momento se as pessoas em todos os níveis de uma empresa estão operando com uma linha de visão direcionada para as principais prioridades daquela empresa, acompanhadas da disciplina pessoal para se concentrar no que podem controlar e no que desejam. Compare esse ambiente com aquele no qual as pessoas só estão fazendo seu trabalho e não estão em harmonia com os objetivos e metas de sua empresa e de seu departamento. Agora insira nesse contexto uma mudança de mercado de grande vulto ou o fechamento de uma grande divisão. O último grupo cairá em desespero, com pessoas cochichando nos corredores ou em discussões por e-mail num ambiente de caos e choque absolutos, enquanto funcionários da primeira empresa responderão com desenvoltura e estarão prontos para criar a próxima oportunidade. É uma questão de disciplina, planejamento e decisões conscientes.

As empresas que fazem essa mudança — para ficarem focadas e comprometidas com o envolvimento e a conexão dos "Eu quero" individuais com os "Eu quero" organizacionais, ao mesmo tempo que se mantêm a par das necessidades e mudanças do mercado — provavelmente serão as mais bem-sucedidas.

Um excelente exemplo é a transformação — ou melhor, a adaptação — da Deluxe Corporation, fundada em 1915, em St. Paul, Minnesota. A maioria das pessoas nos Estados Unidos associa o nome Deluxe aos talões de cheque. Nos dias anteriores aos cartões de crédito e débito, uma família poderia preencher de cinco a 15 cheques *por dia* a cada compra que fazia Ainda tenho pilhas de cheques compensados pelo banco em meu porão. Hoje em dia, todos acessamos bancos on-line, pagamos contas pela internet e usamos cartões de crédito e de débito para fazer compras.

De acordo com um artigo escrito pela diretora de experiências do cliente da Deluxe, Marti Woods, a empresa viveu um período de inovação de baixo para cima no início da década de 1990. Os representantes de conta da Deluxe que estavam atendendo às antigas contas de cheques impressos começaram a observar que a maior parte de seus clientes estava fazendo perguntas não sobre os cheques, mas sobre como atrair e reter clientes e aumentar a fidelidade no setor de serviços financeiros. Mais representantes de conta estavam notando esse padrão e percebendo que era algo que merecia mais atenção. A liderança executiva da Deluxe abriu espaço para o conceito crescer, e hoje a Divisão de Experiências de Clientes está gerando receita ao cobrar dos bancos e das cooperativas de crédito taxas de assinatura para acesso a seu banco de dados. A empresa se expandiu para oferecer design gráfico e outros serviços publicitários e promocionais para a mesma grande base de clientes de longo prazo que ela construiu com seu negócio de cheques impressos.

Para sobreviver, a Deluxe teve de se adaptar. Mudanças de mercado forçaram a empresa a trocar de marcha; a desenvolver competências e a oferecer produtos alinhados com as necessidades do mercado. As pessoas ainda usam cheques, e a empresa ainda é líder nesse segmento. Porém, seu negócio mudou radicalmente para focar em serviços para pequenas empresas e serviços financeiros. Muitas empresas serão forçadas a fazer mudanças radicais como essa no futuro. E essas empresas precisarão de funcionários que sejam capazes de trocar de marcha rapidamente se quiserem sobreviver. Uma força de trabalho plenamente comprometida será exigida para examinar cuidadosamente o horizonte, a fim de descobrir mudanças e trocas, e seus membros devem ser qualificados para se concentrarem no que podem controlar e no que querem à luz de um ambiente mercadológico em transformação.

## CAPÍTULO 4

# Sintonize-se e assuma o controle

Atualizar-se sobre as mudanças em andamento ao seu redor desempenha um papel significativo na sua capacidade de dirigir a vida em uma direção que faz melhor uso de seus pontos fortes e interesses. O sucesso com a atitude mental *Veja carros vermelhos* exige que você busque constantemente novas informações e permaneça aberto a elas enquanto presta atenção, de forma consciente, às sinalizações da estrada da vida — dirigindo-se para oportunidades, tais como tecnologias que permitam que você se conecte, se comunique e aprenda de forma diferente, distanciando-se dos riscos, como, por exemplo, as pessoas negativas que encontrar pelo caminho. Eu chamo isso de *Veja carros vermelhos*, ao mesmo tempo que se dirige intencionalmente com o farol alto aceso. Quando você opera dessa forma automática, fica bem-equipado para aqueles momentos em que uma mudança ou uma tragédia ocorre, obrigando-o a virar o volante para uma direção diferente. Você controlará o próprio destino.

Você se sentirá feliz por ter completado os exercícios contidos neste livro e por estar no comando, uma vez que estará preparado para responder proativamente às mudanças no mercado de trabalho. Don Tapscott, coautor de *Wikinomics* e de *Macrowikinomics* diz: "Existe uma mudança fundamental ocorrendo em termos de como as empresas criam valores, e, alguns dizem, em termos da arquitetura central delas. Acredito que seja a maior mudança dos últimos cem anos na maneira como as empresas constroem relações e interagem com outras entidades, instituições na economia e na sociedade. Estamos nos primeiros dias dessa mudança fundamental e precisamos reinventar os negócios e o mundo." As próprias empresas estão prestando mais atenção e dirigindo com intenção e com o farol alto aceso. Esteja preparado para se impor de forma adequada. Os funcionários de todos os níveis precisam envolver-se e participar das soluções.

Para executar mudanças positivas e torná-las duradouras, esteja atento e seja curioso com relação às dinâmicas e tendências do mercado, de forma que possa dirigir pensamentos, ações e aprendizados para que sejam relevantes e valiosos. Uma das formas mais fáceis de fazê-lo é utilizar a tecnologia. A mídia social é uma entrada para o maravilhoso armazém de informações do mundo virtual. Este capítulo também aborda a importância de se falar com o maior número de pessoas possível sobre sua potencial direção profissional, utilizando incentivadores e lidando de forma efetiva com os céticos que encontrar pelo caminho.

## Alavanque a tecnologia

Em 1994, o jornal *Star Tribune* de Mineápolis-St. Paul apresentou uma série de quatro partes intitulada "On the Edge of the Digital Age" [Na vanguarda da Era Digital], escrita por Peter Leyden. Na ocasião, a internet era uma novidade, e os telefones celulares estavam em sua infância. A série previa o ambiente em que vivemos hoje, no qual nos conectamos, comunicamos e aprendemos em grande medida usando a tecnologia. Eis algumas das previsões de Leyden:

- Computadores pessoais operados em rede, e seus futuros sucessores nas tecnologias digitais, são tão revolucionários quanto a mídia impressa — talvez ainda mais.
- O microprocessador no coração dos computadores pessoais pode ser comparado ao motor que estimulou a economia e a sociedade da Era industrial. Porém, ele é maior, até mesmo mais poderoso do que isso.
- As tecnologias digitais são fundamentalmente novas ferramentas de comunicação que expandem significativamente o poder do indivíduo, que atualmente pode publicar quase instantaneamente para milhões de pessoas em todo o mundo a um custo ínfimo.
- Nosso sistema de educação, nossa cultura, até mesmo as instituições governamentais — todas as coisas que definem nossa vida pública — estão à beira de algumas mudanças catárticas.
- Os educadores estão apenas começando a tomar conhecimento dessas novas ferramentas e a mudar fundamentalmente seus métodos de ensino. Com o tempo, as habilidades em informática ultrapassarão as camadas mais altas da sociedade e atravessarão as gerações. Todas as escolas ensinarão o conhecimento básico de nossos tempos: a inclusão digital.
- Com relação à nossa cultura, as tecnologias digitais têm o potencial de conectarem-se não com milhares de mentes isoladas, como faziam as gráficas, mas com bilhões delas. Não nos consideramos isolados atualmente, mas de fato estamos, em comparação com os níveis de conectividade que em breve conheceremos. Não demorará muito até que todas as pessoas do planeta sejam capazes de se co-

municar instantaneamente e tenham acesso a quase todas as informações e a todo o conhecimento do mundo.
- A maioria dos computadores de hoje ainda precisa estar ligada à rede existente. E nossa sociedade está apenas entrando nos primeiros estágios de construção de uma infraestrutura de informação que proporcionará as fundações da Era Digital.
- Assim que tudo isso estiver funcionando, quando tivermos difundido a inclusão digital e criado uma geração imersa nessas novas tecnologias, então a verdadeira diversão começará. Nesse ponto, veremos o verdadeiro progresso em termos de pensamento criativo, de surgimento de novas invenções, de novas formas de arte. Uma segunda Renascença.
- Algum dia, num futuro distante, talvez algumas centenas de anos a partir de hoje, as pessoas olharão para trás e classificarão o ano de 1994 de nossa era como o 1450 de outra era. Elas olharão para as décadas próximas ao fim do milênio, aqueles anos em torno do ano 2000, e se admirarão com as mudanças ocorridas.

A mensagem muito evidente é a de que a tecnologia estava em rápida evolução e que haveria progressos inacreditáveis nos 15 anos seguintes. Como todos nós sabemos, suas projeções se tornaram realidade. Na época em que foram publicadas, elas tiveram profundo impacto em mim e contribuíram para meu interesse e envolvimento em tecnologia e mudança. Se aquele intervalo de 15 anos entre 1995 e 2010 pareceu rápido, o ritmo está acelerando ainda mais com o passar do tempo. Imagine o que será lugar-comum daqui a 15 anos! É de assustar.

Se você perguntar às pessoas jovens por que usam tecnologia, a maioria não responderá, "Porque adoro tecnologia". A tecnologia é simplesmente o meio pelo qual elas podem aprender, conectar-se, jogar e se divertir. Elas estão plugadas e permanecem atualizadas com o que está acontecendo em torno delas, mas não é o mesmo para muitos adultos que conheço. Quando li os artigos de Leyden em 1994, lembro de ter pensado que o mercado seria muito difícil para os resistentes à tecnologia e à mudança. Acabei percebendo que é esse o caso. Vi as consequências dessa resistência se desenrolarem muitas vezes.

Se você de fato pretende assumir a direção do próprio futuro, sugiro que pare de dizer "A tecnologia e essas ferramentas não são para mim" e comece a dizer "Vou aprender". Sinta-se à vontade com a tecnologia, para que possa continuar a aprender, a se conectar e a ser importante — e, em muitos casos, a continuar empregado. A confiança e a competência na tecnologia estão se tornando muito mais um pré-requisito do que uma opção. Faça um favor a si mesmo. Descubra um amigo ou dois que utilizam algum aspecto da tecnologia e das redes sociais. Pague-lhes um café e seja curioso. Pergunte-lhes por que gostam das ferramentas que usam. Qual é o valor? Quais ferramentas usam e como as usam? Como eles as fazem funcionar? Como elas se enquadram em seu estilo de vida ocupado? Escolha uma rede social e mostre-se curioso com relação a ela. Siga pessoas que são bem-sucedidas e interessantes. Ouça, e em algum momento você encontrará uma maneira de contribuir também. Descubra quais ferramentas melhor o habilitam a reunir as informações sobre seus maiores interesses e pontos fortes. Busque novas informações constantemente, ao mesmo tempo em que responde às sinalizações da estrada da vida. Esse modo de ação o ajudará na busca para alcançar os destinos desejados.

As mídias sociais se tornaram uma ferramenta fabulosa para aqueles interessados em aprender, conectar-se com os profissionais com ideias afins, identificar oportunidades estratégicas e ter acesso às informações certas no momento certo. Eu me envolvi ativamente nas mídias sociais no último ano, e é difícil colocar em palavras como é mais fácil aprender e conectar-se. No passado, quando estabelecíamos conexões com pessoas, normalmente face a face ou por telefone, nós o fazíamos sem saber se a conexão era boa ou se valia a pena para ambas as partes. Atualmente, se as pessoas seguem umas às outras em plataformas de redes profissionais e sociais, podem rapidamente adquirir um senso de alinhamento e, quando entram em contato para conversar, têm uma ideia mais clara sobre a produtividade da colaboração ou até mesmo a falta dela.

A propósito, a colaboração — de braços dados com os outros — é extremamente importante nos dias de hoje e continuará assim. Ela fará a diferença entre o sucesso e o fracasso, conectando-o com as oportunidades atuais e futuras. Há milhões de pessoas nas redes sociais e isso só aumenta a cada dia. Novas redes sociais virão, e algumas das existentes produzirão novas ferramentas. Você não precisa usar todas elas, mas, por favor, empenhe-se em compreendê-las e escolha trabalhar com aquelas que satisfaçam suas necessidades. Conviver com pessoas que dizem "Que besteira!" para a tecnologia e para as redes sociais não ajuda. É preciso entender que é necessário ter um pouco de curiosidade e observação para reconhecer os méritos das ferramentas sociais.

## Siga sua intuição

Decidir seguir sua bússola interna e descobrir o que fará melhor uso de suas habilidades e interesses frequentemente exige investigação premeditada, envolvendo autorreflexão, muitas conversas e autocrítica. Às vezes, as pessoas simplesmente têm uma sensação de descontentamento silencioso que não conseguem identificar com clareza. Saber pelo que está apaixonado é um importante primeiro passo. As avaliações dos pontos fortes discutidas no Capítulo 3 são guias eficientes. E, às vezes, ser corajoso o suficiente para ignorar outras pessoas e pressões sociais e perseguir suas paixões é até mais importante. Trabalhei com muitos clientes que abraçaram carreiras por causa da família e das pressões sociais. É importante que você e sua família superem essas pressões e descubram o que verdadeiramente traz alegria para você. Como resultado, todos se sentirão muito melhor. A história a seguir é um bom exemplo dos resultados positivos que podem ser alcançados quando talentos inatos são finalmente descobertos.

No programa *Life to the Max*, entrevistei o renomado artista Jeffrey Hurinenko. Jeff foi uma daquelas crianças marcadas para a faculdade de medicina desde cedo. Ele era inteligente e competente em matemática e ciências — uma combinação vencedora, ao que parecia. Após completar seus estudos básicos, foi fazer a prova de seleção para a faculdade de medicina. Ele se sentou para fazer o exame, mas algo parecia estar errado. Ele largou tudo; tinha certeza de que havia alguma outra coisa pela qual se sentia apaixonado. A resposta não veio fácil ou rapidamente, mas Jeff permaneceu comprometido em descobri-la. Durante os anos seguintes, tentou diferentes empreendimentos comerciais; viajou para terras distantes e se envolveu em incontáveis conversas e entrevistas. Finalmente, foi apresentado a um artista italiano. Jeff descreve o momento como uma epifania. Ele entendeu imediatamente. Ele descobriu que a pintura era sua paixão, e ele estava mais do que disposto a praticar o suficiente para produzir a maravilhosa arte que faz hoje.

Não reforçar seus pontos fortes pessoais é mais comum do que muitas pessoas pensam. A organização Gallup estima que meros 20% da força de trabalho estão de fato reforçando seus pontos fortes com regularidade. Decidi aconselhar as pessoas em todos os estágios da vida, as quais se sentem sem desafios, inquietas ou indecisas a dedicar tempo e esforço na identificação das coisas em que estão interessadas.

## Envolva-se em muitas conversas

Esteja apenas começando a carreira ou já no mercado de trabalho, fale com o máximo possível de pessoas enquanto investiga seus interesses. As pessoas apaixonadas espalham uma luz brilhante, e há muito a aprender com elas. Na realidade, talvez você precise se reinventar, embora sua carreira já esteja em um estágio avançado. A história seguinte oferece uma forma de iniciar o processo.

Estava trabalhando com Mark na Wells Fargo. Ele fazia um trabalho no qual estava, até certo ponto, interessado, mas definitivamente não estava apaixonado, e desejava que isso mudasse. Mark estava disposto a encontrar uma nova oportunidade e a redirecionar sua carreira. Durante a conversa, perguntei a ele: "Quem você conhece que é muito apaixonado pelo que faz e muito bom em seu trabalho também?" Mark citou duas pessoas. Eu disse: "Excelente! Agora, o que quero que você faça entre hoje e a próxima vez em que nos falarmos, o que será daqui a um mês, é conversar com trinta pessoas que estejam apaixonadas pelo que fazem e sejam muito boas nisso." Mark disse: "Trinta pessoas? Você deve estar brincando comigo. Acabei de dizer para você que conheço duas." E eu retruquei: "Isso é excelente. Quando falar com essas duas, pergunte-lhes: 'Quem mais você conhece que é muito apaixonado pelo que faz e também é muito bom nisso?' E quando derem os nomes, anote-os, pegue os telefones dessas pessoas e contate-as. Simplesmente continue perguntando a todos com quem falar: 'Quem mais você conhece?'

Assegure-lhes de que você não abusará do tempo delas e peça-lhes que informe a essas pessoas que você as contatará."

Juntos, elaboramos três perguntas para as conversas: Pelo que você é apaixonado? Como você definiu o objeto de sua paixão? O que o mantém fazendo esse trabalho?

No dia anterior à nossa conversa, um mês mais tarde, Mark enviou uma planilha listando trinta nomes e um resumo das discussões. Quando discutimos a experiência, perguntei a ele quais tinham sido os pontos mais importantes de sua aprendizagem. Mark disse que aprendera algo em cada discussão, mas apenas duas delas realmente tiveram um forte impacto nele. As outras 28 conversas, não, e isso fora uma aprendizagem importante para ele. Como se constatou, as duas pessoas cujas jornadas e paixões mais o impactaram se dispuseram a atuar como seus mentores, e eles se encontraram várias vezes com Mark. Ele estava ganhando objetividade com relação ao próximo passo. Mark aprendeu o valor da investigação verdadeira e de ter tantas conversas quanto possível.

Compartilhei essa história centenas de vezes porque fico surpresa com o número de pessoas que colocam *tanto* peso em tão poucas conversas e, em seguida, tomam decisões que mudam sua vida. Eis um exemplo: Mary, mãe de quatro filhos, volta à universidade para estudar design de interiores. Ela tem um ótimo desempenho nas aulas e nos projetos e se mostra ávida para trabalhar após a formatura. Ela se concentra em projetos de restaurantes. Em sua primeira entrevista, um designer diz a Mary que projetar restaurantes é algo muito gratificante, mas exige, pelo menos, noventa horas por semana. Sentindo-se desanimada, Mary abandona seus sonhos porque não está disposta a sacrificar sua família.

Quem diz que esse entrevistador é uma autoridade no setor? Existem *workaholics* em quase todas as profissões. Projetar restaurantes pode de fato exigir muitas horas de trabalho, mas ouso pensar que há pessoas por aí que criaram oportunidades com horas e exigências mais razoáveis. Em vez de desistir após uma conversa desencorajadora, Mary poderia ter feito algumas anotações, agradecido ao entrevistador e depois organizado reuniões com outras pessoas da área para obter um ponto de vista mais objetivo sobre as vagas e as exigências naquela área. Em seguida, ela conseguiria tomar uma decisão que seria benéfica tanto para ela quanto para sua família.

Uma vez que tenha criado uma lista de coisas pelas quais está realmente apaixonado ou pelas quais tenha interesse, limite-as a duas ou três. Em seguida, comece a falar com as pessoas. Aqueles que conversam com pessoas apaixonadas ganham um grau de entendimento fantástico sobre as próprias paixões. Quando você finalmente combina suas paixões e interesses com seus pontos fortes, obtém uma combinação vencedora. Conversei com muitas pessoas que pensam que identificar as melhores habilidades e pontos fortes dos empregados é trabalho do chefe. O trabalho principal do chefe é conseguir que o trabalho seja feito. O seu é determinar seus pontos fortes e alavancá-los para criar valor para si e para a empresa à qual serve.

Não obstante, se está trabalhando dentro ou fora de uma empresa, haverá pessoas-chave em sua vida que o ajudarão enquanto você se esforça para descobrir aquilo para o qual está mais bem-preparado. Haverá também pessoas que discordarão desse exercício e tentarão desencorajá-lo.

## Utilize incentivadores

Acredito que há três tipos diferentes de incentivadores: "Já passei por tudo isso", "Farei qualquer coisa por você" e "Sempre amarei você, mas isso não significa que não discordarei de suas opiniões".

Há grande valor nos incentivadores "Já passei por tudo isso", os quais, muitas vezes, são chamados de mentores. Essas pessoas podem estar em seu setor, mas também podem estar fora dele. Novas perspectivas e inovação criativa podem surgir desses relacionamentos. Assegure-se de pedir-lhes logo no início que contestem suas opiniões e forneçam comentários honestos em todas as interações. Há também grande valor psíquico para os "Já passei por isso" que trabalham com protegidos inteligentes e ambiciosos. Peça-lhes orientações e que o tempo deles e o seu sejam bem-gastos.

Os incentivadores "Farei qualquer coisa por você" são as pessoas que se encontram em uma jornada semelhante à sua. Ter parceiros em uma jornada semelhante proporciona uma aprendizagem valiosa. Eles também fornecem o apoio necessário e, de tempos em tempos, um ombro para chorar ou um coração compreensivo para ouvi-lo descarregar suas frustrações. Meu sócio, Greg Stiever, e minha amiga Lisa Jansa, CEO da Exsulin, têm sido esse tipo de incentivadores para mim. Os benefícios de meu relacionamento com eles são imensos.

As conversas com pessoas que estão em outros ramos de negócios também podem ser extremamente benéficas. Embora seja comum conviver com elas, há muito a aprender com as que estão em ramos diferentes. Seus insights podem ser justamente o que faltava para lhe fornecer ideias novas e romper um bloqueio. As melhores perguntas que aprendi a fazer, independente do ramo do negócio, são:

- Conte-me sua história. Conte-me o bom, o mau e o feio sobre sua jornada.
- O que funcionou? O que não funcionou?

- Quais foram as maiores lições aprendidas?
- Se tivesse a oportunidade de fazer tudo outra vez, o que mudaria? O que faria igual?

O terceiro incentivador é "Sempre amarei você, mas isso não significa que não discordarei de suas opiniões." (Se conseguir encontrar um nome menor para esse tipo, conte para mim!) Esses incentivadores são amigos que o conhecem bem e estão familiarizados com seus desejos. Eles podem não conhecer todos os detalhes, mas têm uma ideia geral de seus desejos. Eles o amarão mesmo que você perca o rumo e, gentilmente, o avisarão. Eles também desafiarão suas concepções e tentarão ajudá-lo a se manter no caminho para que você fique equilibrado. Eles são defensores de sua jornada.

## Utilize pessoas céticas

Inevitavelmente, haverá céticos ao longo do caminho. Os céticos são rápidos em lhe dizer que não acreditam que você conseguirá o que deseja, seja lá o que for. Para algumas pessoas, a energia para provar que está errado é um motivador imenso. Se os céticos despertam suas motivações internas, vá em frente e ouça-os e, em seguida, inspire-se para agir.

Há muito tempo estou orientada para me concentrar no que quero, mas os céticos desempenharam papel positivo em minhas realizações ao longo do tempo. Primeiro exemplo: em meu primeiro emprego, decidi que iria para o trabalho de bicicleta. Não era um longo caminho pelos padrões de pedaladas de hoje, mas eram aproximadamente 11 quilômetros ida e volta. Junte a isso o fato de que eu pedalava uma deplorável bicicleta de dez marchas com uma roda em mau estado e que sacudia a cada giro. Contei a meu irmão sobre meu objetivo e, mais tarde, eu o ouvi por acaso contar à nossa família que duvidava de que eu conseguiria. No entanto, 1.040 quilômetros depois ficou claro que suas dúvidas tinham me motivado a continuar. Segundo exemplo: quando eu estava no último ano do ensino fundamental, fui narradora e atriz de um espetáculo musical religioso. Após a apresentação, uma mulher que era amiga da família se aproximou de mim e disse, "Laura, não tinha ideia de que você tinha algum talento." Suas palavras sem dúvida me serviram de forma positiva. Nunca senti vontade de me vingar, apenas me sentia motivada.

Para outras pessoas, os céticos têm um impacto desestimulante imenso. Se os céticos o abatem, aprenda a rechaçá-los. Eles são fáceis de serem identificados porque constantemente usam palavras como *não pode, não consegue, não conseguirá*. Para colocar isso em termos *Veja carros vermelhos*, a tendência natural quando as pessoas ouvem comentários negativos é parar o carro, colocá-lo em ponto morto e parar para refletir a respeito daqueles comentários, pensando neles. É necessário ter disciplina intencional para reconhecer que os comentários vêm de um cético e que você precisa rechaçá-los, engatar a marcha de seu carro novamente e *continuar* na direção do que quer.

O fator mais importante aqui é a consciência. Estar ciente da diferença entre partidários e céticos e como cada um o afeta positiva e negativamente o ajudará a identificar essas forças e a continuar lendo as sinalizações da estrada de forma efetiva ao longo de sua jornada.

## Lide com os pontos fracos de forma eficaz

Todos nós temos pontos fortes e pontos fracos. Na minha empresa, a On Impact, definitivamente agimos de acordo com nossos pontos fortes e somos muito bons em encontrar pessoas com pontos fortes nas áreas em que somos fracos. Temos estabelecido contato com algumas pessoas muito qualificadas, e os produtos e serviços que levamos para o mercado são muito melhores por isso.

Quando tiver uma visão clara de seus pontos fortes e fracos, talvez após completar uma avaliação dos pontos fortes, como a que foi apresentada no Capítulo 3, faça questão de reconhecer seus pontos fracos. A consciência de seus pontos fracos o ajudará a trabalhar para neutralizá-los ou para atrair pessoas que tenham pontos fortes nas áreas em que você é fraco. Reconheça que isso pode ser muito difícil porque, para muitos de nós, a tendência natural é ocultar os pontos fracos. Temos feito isso a vida toda. É possível que sejamos tão bons em esconder nossos pontos fracos que de fato temos dificuldade em identificá-los com precisão. Porém, é muito importante fazê-lo, e vale a pena revelar seus pontos fracos para que possa lidar com eles. Se precisar de ajuda para fazê-lo, seja corajoso o suficiente para pedir comentários honestos.

Minha cliente Maria vinha enfrentando desafios no seu papel de líder e decidiu procurar ajuda para identificar os problemas. Maria é uma cientista brilhante que construíra uma carreira impressionante, a qual, com o tempo, a conduziu a uma posição de liderança. Ela fez um trabalho magistral em reforçar seus pontos fortes, mas carecia de habilidade para ajudar os outros a reforçarem os deles. Ela é extremamente comprometida em cumprir tarefas e tendia a assumir a responsabilidade por tudo. Sua divisão estava sob muita pressão, e ela percebia que não poderia fazer tudo sozinha, mas tinha dificuldade em delegar e se comunicar com sua equipe. Como resultado, o progresso a paralisara.

Desde o início, falamos sobre colaboração, delegação de tarefas e crescimento e desenvolvimento da equipe. Quando mencionei ser improvável que o que a levara a seu novo cargo (isto é, suas realizações científicas pessoais) a tornaria bem-sucedida no futuro como líder e gerente, essa realidade cruel foi uma descoberta indesejável. Ela fez Maria entrar no modo de autoproteção. Por defesa, fez um comentário sobre não precisar da colaboração de seus funcionários, por ser mais brilhante que eles.

Essa afirmação me fez parar para pensar e perceber que havia um ponto fraco não reconhecido pairando na superfície. Seu comentário foi o tipo de reação natural e emocional que todos podemos ter quando nos sentimos ameaçados. O subconsciente de Maria dizia, "O que estou ouvindo está fora da minha zona de conforto." Então, defensivamente ela respondeu com uma afirmação cuja intenção era desviar de um conceito que a perturbava.

Continuei curiosa e segui fazendo perguntas. Logo ficou claro que ser líder e abrir mão do controle a deixavam apavorada. Ela estava, no entanto, muito determinada a alcançar o sucesso e disposta a lidar com essa fraqueza potencialmente prejudicial. Maria desejava verdadeiramente ser bem-sucedida em seu papel de líder.

Foi uma jornada longa e árdua. Tivemos de dissecar o processo e dividi-lo em pedacinhos. Ela tinha de aprender passo a passo e praticar diversas vezes como identificar os pontos fortes de seus funcionários; como fazer bom uso desses pontos fortes para alcançar os objetivos da equipe; e como interagir com os funcionários em todos os tipos de situações. Esses eram comportamentos novos para ela. Ela precisava desenvolver lentamente a confiança e a segurança para delegar e a competência em seu papel de líder. Delegar pode ser especialmente desafiador para pessoas que têm um histórico de grande sucesso. Como Billy McLaughlin, ela encontrou dificuldade em desempenhar o papel de líder durante muito tempo. Continuou a usar suas paixões e pontos fortes, mas o novo papel exigia que melhorasse significativamente seus pontos fracos na área de gerenciamento. Por fim, superou sua resistência em escutar os comentários alheios. Quando as pessoas persistem em algo, realizar esses avanços lhes dá grande orgulho. Maria não era diferente. Ela é a primeira a admitir que nunca ganhará prêmios por ter boas relações com outras pessoas, mas se orgulha de ter trabalhado com afinco para desenvolver suas habilidades no sentido de alinhar os interesses, os pontos fortes e os valores de seus funcionários às oportunidades corretas, além de delegar de forma apropriada, e tem uma equipe leal e trabalhadora para mostrar os resultados de seus esforços.

Quando conhecermos nossos pontos fortes e conseguirmos articulá-los tanto verbalmente quanto por escrito, reconhecermos nossos pontos fracos e aprendermos a lidar com eles ou a compensá-los, conseguiremos nos posicionar melhor com relação aos projetos, aos clientes, às oportunidades e aos empregos mais adequados às nossas melhores qualidades pessoais.

## Assuma o controle no mundo dos negócios

Operar com a atitude mental *Veja carros vermelhos* e, ao mesmo tempo, buscar constantemente informações e responder às sinalizações da estrada da vida se aplica às equipes, às empresas e às pessoas em geral. Quando todos fazem isso, algo excelente acontece.

No mundo atual, em rápido processo de transformação, o sucesso se apoiará mais nas pessoas, nas equipes e nas empresas que operam concentradas em seus objetivos e assumem o controle dos próprios destinos — dirigindo na direção de oportunidades que fazem o melhor uso de seus principais pontos fortes e se afastando daquelas que não o fazem, ao mesmo tempo respondendo às sinalizações da estrada da vida (por exemplo, a economia, os avanços tecnológicos, as diferenças entre gerações e a diversidade).

O futurologista Jim Carroll diz: "Nitidamente, a velocidade das mudanças — seja dos modelos de negócio, dos ciclos de vida de produtos, das capacidades e do conhecimento — está crescendo. Com tais mudanças, existe uma grande incerteza em muitas indústrias em relação ao que fazer em seguida." A realidade é que o ciclo de vida dos produtos está encurtando. Os produtos apresentados atualmente podem durar de seis a doze meses, enquanto que, há apenas alguns anos, o ciclo de vida dos produtos durava vários anos ou mais. Indústrias inteiras, empresas e profissões mudarão, surgirão e serão eliminadas em uma década ou menos.

A necessidade de líderes para dirigir o futuro de suas empresas está crescendo em importância. Um post no blog de Anne Perschel, fundadora e presidente da Germane Consulting em Worcester, Massachusetts, aborda essa realidade: "Os líderes bons surgem quando os padrões estão PRESTES a mudar. Enquanto todos estão olhando para um quadro claro e nítido do presente, o líder experiente vê o esboço vago de um padrão emergente através da neblina que se aproxima." É dessa forma que os bons líderes operam quando usam a atitude mental *Veja carros vermelhos* para desenvolver uma consciência aguçada do mercado. Eles preveem a mudança e lideram as inovações. A Dra. Perschel sugere alternativas para as pessoas praticarem a arte de ver o futuro:

- Procure dados (não apenas números) em um horizonte amplo e variado. Procure-os em lugares incomuns.
- Observe, estude e entenda motivações e padrões de comportamento universais.

- Tome nota dos pensamentos e instintos transitórios que caracteristicamente entram em sua mente quase sem aviso e, em seguida, escapam rapidamente sem captar sua atenção. Mais tarde, quando o pensamento instintivo surgir como uma realidade, você se lembrará de sua primeira manifestação.

Hoje e no futuro, a pressão constante para inovar significa mudanças drásticas na forma como as pessoas e as equipes operam. Todos nós usaremos a tecnologia muito mais como uma ferramenta para possibilitar colaboração, conexão e comércio. As pessoas, as equipes e as empresas serão bem-sucedidas quando conscientemente alinharem seus melhores esforços e interesses com as tarefas que precisam ser concluídas; envolverem-se com outros dentro e fora da empresa através das maravilhas da tecnologia; e permanecerem conectadas com novos desenvolvimentos e tendências em suas indústrias e em seus mercados.

A empresa do futuro precisa ser adaptável às mudanças. Simplesmente identificar o que queremos sem uma consciência aguçada de nossos desafios e de nossos tempos em rápida transformação poderia ser algo desastroso para indivíduos e para as empresas. As pessoas precisam reunir conscientemente as habilidades e os insights necessários para permanecerem úteis e valorizadas enquanto o mundo muda. Essa é a única forma de as pessoas, as equipes e as empresas alcançarem o sucesso, enquanto as indústrias, os produtos, os serviços e as profissões vão e vêm a uma velocidade extremamente rápida.

Um excelente exemplo de como as empresas podem conduzir o próprio futuro e responder proativamente às grandes mudanças na tecnologia e no mercado é o Ambiente de Trabalho Exclusivamente Focado em Resultados (ATEFR).

No início da década de 2000, os líderes da Best Buy, rede varejista de tecnologia, decidiram ouvir uma ideia inovadora proposta por duas funcionárias, Cali Ressler e Jody Thompson. Essas mulheres reconheceram o potencial para obter maior produtividade quando todos estão autorizados a controlar quando, onde e como trabalham. Contanto que os funcionários atinjam seus objetivos, de acordo com suas ideias, a forma como passam o tempo depende totalmente deles. O conceito de ATEFR é o de que todos se beneficiam quando o foco é deslocado das horas para os resultados.

A empresa concordou em testar o conceito, e os resultados foram percebidos imediatamente. Aos poucos, esse novo conceito se espalhou para todos os 4 mil funcionários da matriz da Best Buy em Minnesota. E as duas continuaram a compartilhar a história de sucesso através do livro, *Chega de tédio!*.

Segundo as autoras, a produtividade aumentou, em média, 41% nas equipes ATEFR na Best Buy e em outras empresas nas quais ele foi implementado. Tanto funcionários quanto gerentes parecem adorá-lo, e a rotatividade voluntária de funcionários diminuiu em até 90%. Empresas, prestem atenção: conceitos como o ATEFR são respostas proativas ao esforço consciente de examinar cuidadosamente o mercado e criar sistemas inovadores para conduzir os negócios de forma que façam o melhor uso dos pontos fortes e dos interesses das pessoas. Inovações desse tipo são a tendência do futuro.

Todos nós queremos continuar importantes, empregáveis e prontos para tirar vantagem das oportunidades de inovação. Queremos operar segundo um modo de pensar que não permita que o medo intervenha e bloqueie nossos esforços. O caminho que sugiro a você é o de *Veja carros vermelhos*, dirigindo-se rumo às oportunidades, afastando-se dos perigos e agindo positivamente para alcançar o que deseja.

CAPÍTULO 5
___

# Crie "Eu quero" pessoais

Neste capítulo, você começará a construir seus planos. Quanto mais cedo identificar suas declarações "Eu quero" e anotá-las, mais rápido estabelecerá um rumo significativo para seus desejos. Em um mundo em constante mutação, é fácil perder a visão do todo, razão pela qual faço tanta questão que você defina claramente o que quer em todos os aspectos da vida.

Estamos em nosso melhor momento quando nos esforçamos para obter algo. Definir com clareza o que queremos, tanto pessoal quanto profissionalmente, fornece uma indicação e um alvo para mantê-lo intencionalmente no assento do motorista e no controle do próprio rumo. Problemas podem surgir quando nos colocamos em piloto automático. As pessoas me perguntam como criar uma cultura adaptável à mudança, e sempre respondo que não tem tanto a ver com ser adaptável à mudança, mas sim com o envolvimento, o estímulo e o esforço das pessoas e das equipes para atingir o desenvolvimento pessoal e profissional. A resistência sempre estará presente no local de trabalho, mas é muito menos evidente em uma cultura comprometida.

## Esforçando-se para construir um eu equilibrado

A discussão neste capítulo é ampliada para concentrar-se no que você quer de forma mais equilibrada, porque, se uma área de sua vida não está bem, é provável que as outras também estejam sendo afetadas. O objetivo é lutar constantemente para atingir o equilíbrio. Tenho visto muitas pessoas que estão de fato avançando na direção do que querem profissionalmente e que, de alguma forma, perdem a visão do todo e do que querem em outras áreas de sua vida. Acredito que isso seja verdade principalmente nos momentos de mudanças dinâmicas, quando há uma grande dose de incerteza. Bem-vindo ao nosso mundo. Neste capítulo, você dará início ao processo de formar declarações "Eu quero" coerentes que gerarão um equilíbrio maior.

## Atenção aos valores

A linha entre nossa vida pessoal e profissional está se tornando indistinta. Agora, mais do que nunca, é importante ficar extremamente atento às suas paixões, interesses, pontos fortes e *valores*. Os valores são aqueles princípios que apreciamos ou estimamos muito. Reflita cuidadosamente sobre seus valores, tanto pessoais quanto profissionais.

Anos atrás, eu trabalhava com Gerald, um gerente que iria entrevistar uma candidata para um novo cargo. Por ironia do destino, eu conhecia a candidata, Tina. Como tinha informações sobre o departamento e o cargo, sabia que aquela vaga não poderia ser mais inadequada para Tina. Era um ambiente muito perfeito e calmo, e Tina era um furacão! Ela adorava a *ideia* do emprego. Estava reagindo ao título do cargo, em vez de combinar seus pontos fortes e valores pessoais com as responsabilidades da vaga. Na realidade, a cultura não se ajustava a ela. A lista de valores de Tina poderia incluir palavras como *animação* e *atividade*, ao passo que a empresa valorizava características como o poder de reflexão e a estrutura. Contudo, Gerald dizia que a empresa estava comprometida em acalmá-la, e Tina dizia que estava comprometida em introduzir a energia muito necessitada em um departamento insosso. Eu temia que tanto Tina quanto a empresa tivessem frustrações significativas no futuro, quando a empresa a pressionasse para se adequar. Tina estava buscando múltiplas oportunidades ao mesmo tempo, e com a minha insistência envolveu-se numa introspecção profunda com relação a seus pontos fortes e valores. No fim, ela conseguiu combinar seus pontos fortes e valores com um cargo em outra empresa. Na nova função, ela foi uma funcionária excepcional, e o trabalho e a cultura organizacional eram bem adequados. Além disso, ela me contou, mais tarde, que cada um dos cargos que ocupou depois foi imensamente gratificante.

## Conjunto de Ferramentas **CARROS VERMELHOS**

| PAIXÕES E INTERESSES | PONTOS FORTES |
|---|---|
|  |  |
|  |  |
|  |  |
|  |  |
|  |  |

| VALORES |
|---|
|  |
|  |
|  |
|  |
|  |

*Ferramenta 2* Acrescente valores à sua planilha do Capítulo 3

Especificar claramente seus valores é importante neste ponto porque você deve levar em conta seus valores pessoais fundamentais à medida que for explicitando suas declarações "Eu quero" mais tarde neste capítulo. Abra o arquivo em PDF de seu Conjunto de Ferramentas Carros Vermelhos e selecione a Ferramenta 2. Você perceberá que a coluna Valores está na parte de baixo, e as duas primeiras colunas preenchidas, Paixões e Interesses e Pontos fortes, estão na parte de cima. Agora, pense no que verdadeiramente valoriza. Eis uma lista de exemplos de valores para você começar:

| | | | |
|---|---|---|---|
| Fartura | Empreendedorismo | Aventura | Valorização |
| Ousadia | Valentia | Desafio | Execução |
| Coragem | Criatividade | Curiosidade | Agilidade |
| Flexibilidade | Determinação | Firmeza | Generosidade |
| Integridade | Resultados | Autonomia | Domínio |

Há centenas de outros valores entre os quais você pode escolher. Selecione cinco deles com os quais de fato se identifica e insira-os na terceira coluna dessa planilha.

Agora é hora de elaborar seu plano pessoal. Quatro atividades do Conjunto de Ferramentas Carros Vermelhos o guiarão passo a passo por todo o processo. Uso essas ferramentas há mais de 12 anos em meus trabalhos com pessoas em diversos cargos em diferentes empresas. Elas o ajudarão a detalhar seus desejos pessoais (isto é, suas declarações "Eu quero") à luz de suas paixões e interesses, pontos fortes e valores e do ambiente no qual vivemos. Todos esses fatores devem ser levados em consideração para revelar seus verdadeiros desejos, priorizá-los e encontrar de três a cinco "Eu quero" principais que farão grande diferença para você dentro de um prazo específico que você mesmo estabelecerá.

Por favor, não trate esses passos de maneira superficial. Tenho inúmeros clientes que insistem em dizer que "se conhecem", mas quando genuinamente dedicam tempo para percorrer todo o processo descobrem determinados aspectos de sua vida que foram ignorados ou negligenciados por anos, os quais acabam sendo extremamente importantes para eles em função de seus valores pessoais.

## Conjunto de Ferramentas **CARROS VERMELHOS**

### LISTA DE REALIZAÇÕES
*Para obter um eu equilibrado*

**O que eu quero...**

☐ _____
☐ _____
☐ _____
☐ _____
☐ _____
☐ _____
☐ _____
☐ _____
☐ _____
☐ _____
☐ _____
☐ _____
☐ _____
☐ _____

*Ferramenta 3* Faça um *brainstorming* de tudo que você deseja

Comece com a Lista de realizações *Veja carros vermelhos* (Ferramenta 3). Esse exercício o ajudará a se conectar novamente com tudo o que pensou ou disse querer para sua vida. Use-a para fazer um *brainstorming* de tudo que deseja sem restrições. Pense em si mesmo, em sua família e em seus objetivos de longo prazo. Pense em categorias como dinheiro, saúde e forma física, família e amigos, espiritualidade e fé, trabalho voluntário e viagens. Comece reunindo todos os seus pensamentos.

Se está sem ideias, examine estas categorias para se lembrar de coisas que disse querer para sua vida:

| | |
|---|---|
| Carreira | Educação e crescimento pessoal |
| Dinheiro (investimentos) | Viagem, diversão e lazer |
| Dinheiro (renda) | Ambiente domiciliar e físico |
| Saúde e forma física | Espiritualidade e fé |
| Família e amigos | Trabalho voluntário |
| Romance (parceiro) | Outros |

Esse exercício pode exercer um grande impacto sobre você. Uma vez, conduzi uma sessão na qual pedi aos participantes que fizessem um *brainstorming* sobre o que tivessem dito ou pensado que poderiam querer alguma vez para a vida deles. Um amigo meu estava na plateia. Ao visitar a casa de sua família em seguida, notei que sua lista de declarações "Eu quero" fora afixada para todos verem. Quando li a lista, uma declaração se sobressaiu entre todas as outras: "Eu quero doar pelo menos 1 milhão (de dólares)." Uau! Não havia carros pomposos ou casas fabulosas ou itens de luxo listados. Havia declarações como "Eu quero poder pagar a faculdade de meus filhos" e "Eu quero tomar conta de minha mãe quando ela envelhecer." Isso me fez parar e pensar: se ele for capaz de doar pelo menos 1 milhão de dólares, não é provável que ele e sua família colherão muitas dádivas ao longo do caminho? Foi uma forma muito emocionante de expressar uma declaração "Eu quero". Ela também ilustra um atributo adicional: não imponha pontos finais a suas realizações. O uso da expressão "pelo menos" o deixa aberto para não apenas cumprir, mas também para exceder um objetivo particular.

*Conjunto de Ferramentas* **CARROS VERMELHOS**

**RODA BEM-EQUILIBRADA**

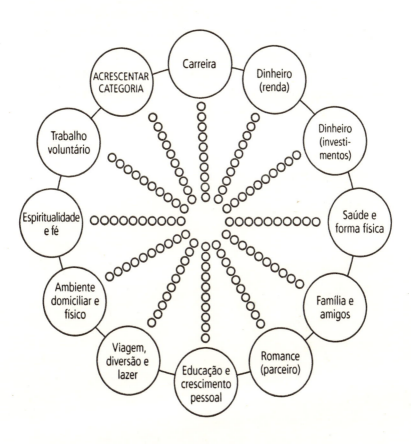

**Ferramenta 4** Em uma escala de 1 a 10, onde você se encontra hoje em relação a seus objetivos? Partindo do círculo central marque sua nota no pontinho correspondente.

A Roda bem-equilibrada *Veja carros vermelhos* serve como uma fotografia instantânea de sua percepção de onde se encontra hoje com relação a seus "Eu quero" pessoais. O centro da roda é seu ponto de partida (0), que segue os raios em direção a cada objetivo de vida (10). Escureça o círculo que representa sua localização no momento, em uma escala de 1 a 10, na busca por alcançar o que deseja em cada categoria. Ao usar a Roda bem-equilibrada do Conjunto de Ferramentas Carros Vermelhos, você pode clicar no círculo para marcar seus pontos. Agora, se precisasse ligar os pontos entre os raios, quão sacolejante ou suave sua viagem seria hoje? Quanto mais bem-equilibrada for sua vida, mais suavemente sua roda girará.

*Conjunto de Ferramentas* **CARROS VERMELHOS**

## DECLARAÇÕES BEM-EQUILIBRADAS

| ACRESCENTE CATEGORIA |

| ACRESCENTE CATEGORIA |

| ACRESCENTE CATEGORIA |

*Ferramenta 5* Onde você quer estar?

Nas páginas 8-11 do Conjunto de Ferramentas, você define com clareza o que quer escrevendo as declarações "Eu quero" bem-equilibradas para todas as 11 categorias (acrescidas de mais algumas, se assim desejar) da roda pessoal. Esse é o lugar para reunir, organizar e priorizar o que deseja. Gere várias ideias para cada categoria (selecione as categorias nos menus suspensos, os retângulos de cor cinza e depois digite suas declarações "Eu quero" nas caixinhas). No fim, você priorizará e escolherá seus favoritos. A planilha exemplo de Joe no Capítulo 3 pode lhe dar algumas ideias. Certifique-se de escrever pelo menos uma declaração em todas as 11 categorias, além de qualquer uma que deseje acrescentar.

Eis as categorias para referência:

Carreira
Dinheiro (investimentos)
Dinheiro (renda)
Saúde e forma física
Família e amigos
Romance (parceiro)

Educação e crescimento pessoal
Viagem, diversão e lazer
Ambiente domiciliar e físico
Espiritualidade e fé
Trabalho voluntário
Outro

Se você está pensando, "Como assim? Não tenho certeza de como fazer isso", eis algumas diretrizes que desenvolvi trabalhando com centenas de pessoas. Essas diretrizes o ajudarão a realizar o trabalho mais rapidamente.

A *objetividade* é o motivador e o indicador mais importante do sucesso futuro. Na realidade, a maior razão pela qual as pessoas adiam e não conseguem dar a partida é a falta de objetividade. Quando as declarações "Eu quero" são vagas, desenvolver ações em torno delas se torna quase impossível.

Em seguida, certifique-se de que suas declarações "Eu quero" são *positivas e afirmativas*. Uma vez que as pessoas têm uma tendência natural de concentrarem-se no que não querem e estão previamente programadas para evitar problemas, é muito fácil verbalizar uma declaração "Eu quero" que seja negativa por natureza. As pessoas dizem, "Você está certo, eu preciso me concentrar agora no que quero" e, em seguida, no próximo instante dizem: "O que eu quero é não ter pessoas mal-humoradas na minha vida." Por usarem a palavra *querer*, elas entendem incorretamente que estão "concentradas no que querem". Uma declaração melhor desse objetivo é "Quero pessoas positivas na minha vida". Peça a alguém para verificar suas declarações "Eu quero", de forma que elas sejam positivas e afirmativas. Caso contrário, voltamos à estaca zero.

Certifique-se de que suas declarações "Eu quero" sejam *específicas*, *mensuráveis* e que tenham *um prazo*. Se puder atribuir números e especificidades aos seus objetivos, eles o motivarão a agir. Por exemplo, você pode dizer: "Eu quero ler mais". Porém, se não declarar sua intenção de forma específica, mensurável e se não estabelecer um prazo para realizá-la, é provável que só consiga fazer um pequeno progresso. Em vez disso, especifique "Eu quero ler um livro por semana", "Eu quero ler vinte páginas por dia", ou "Eu quero ler três capítulos por semana". Isso lhe dará algo para servir de base e liberará a energia, a criatividade e a motivação para realizar as ações necessárias.

Quanto mais específicas e mensuráveis forem suas declarações "Eu quero", mais fácil será agir e medir seu progresso. Atribuir um prazo específico e um alvo final para seu objetivo o ajudará a se sentir motivado. Tenho visto pessoas acrescentarem um prazo a uma declaração "Eu quero" e, repentinamente, o plano, as pessoas e as circunstâncias necessárias começarem a "magicamente" se encaixar.

Portanto, ao escrever suas declarações "Eu quero", concentre-se na *objetividade*, mostrando-se *específico*, identificando o que *quer*, tornando-o *mensurável* e criando um *prazo*. É surpreendente o quanto as pessoas se tornam criativas e ambiciosas quando todos esses aspectos estão em jogo. Elas se tornam verdadeiramente responsáveis por si mesmas. Funciona de verdade.

No Capítulo 7, você construirá seu próprio Plano de ação *Veja carros vermelhos* ao decompor seus "Eu quero" em ações diárias, semanais e mensais. Aviso: é importante não se sobrecarregar, pois você pode acabar abrindo mão de todas as suas declarações "Eu quero" e retornar ao *status quo*. O Plano de ação o ajudará a limitar sua lista de declarações "Eu quero" e a priorizar as quatro ou cinco mais importantes. Você começará a construir seu plano de ação em função da primeira ou da segunda prioridade para começar. Uma vez que tenha começado a vivenciar os sucessos, sua energia e seu entusiasmo crescerão, e você poderá acrescentar outros objetivos ao longo do caminho.

## Equilibre os aspectos importantes de sua vida

Quando estiver escrevendo suas declarações "Eu quero", a melhor abordagem é combinar paixão, pontos fortes e valores com a confiança e a competência de mercado. Dessa forma, você tem uma combinação vencedora. Valem muito o tempo e o esforço dedicados a essa tarefa, porque sempre que há uma diferença grande entre o você pessoal e o você profissional, provavelmente também há estresse, e posso apostar que nem sua vida pessoal, nem a profissional receberão o melhor de você. A história a seguir, de Craig, é um exemplo de um líder bem-intencionado que perdeu a visão do todo quando as demandas do trabalho ofuscaram os outros aspectos importantes de sua vida.

Craig liderava uma divisão importante de uma empresa de vendas a varejo que apresentava desempenho inferior às outras divisões da empresa. A pressão cada vez maior começou a afetar os relacionamentos de Craig com os membros de sua equipe. Quanto mais ele se empenhava, piores as coisas se tornavam. Craig era um realizador por natureza, e os resultados ruins o desanimavam. Um histórico de notas máximas quando estudava, de ser um jogador de futebol americano de destaque e de beneficiário de uma promoção muito precoce em seu trabalho levaram Craig a acreditar que o trabalho árduo sempre se traduziria em resultados. O trabalho árduo é importante, mas o descanso, o rejuvenescimento e a conexão com os entes queridos podem contribuir para o sucesso de forma importante. Nesse caso, seu medo e ansiedade vinham à tona, e os membros da equipe se sentiam intimidados com o tamanho dele, suas expressões faciais severas e sua presença imponente.

Na realidade, Craig é um líder compassivo e verdadeiramente compreensivo, mas seus pontos fortes inerentes acabavam se perdendo sob pressão. A falta de sono e de exercícios também não estava ajudando. Em nossa conversa, começamos a falar sobre o que lhe dava alegria e uma sensação de leveza, em contraste com o fardo que carregava. Surgiu o assunto de seus três filhos com menos de 7 anos. Pedi-lhe que me contasse uma história engraçada sobre eles. Achei que seu comportamento e sua visão de mundo mudariam e criariam um espaço para conversarmos sobre como ele se sentia diferente quando falava dos filhos, o valor daqueles momentos adorados e a sensação de perspectiva que trazem. Craig considerou a pergunta: "Uma história engraçada, hum", disse. Por fim, disse que simplesmente não conseguia se lembrar de uma história, e fomos adiante.

Ao final da conversa, perguntei a Craig qual fora o ponto mais importante de nossa sessão. Ele ficou muito quieto e respondeu: "Você deve ter percebido, lá no momento em que me pediu para lhe contar uma história engraçada de sobre um dos meus filhos. O problema não era que eu não conseguisse lembrar de uma; era que eu não *tinha* uma para contar. Eu começo a trabalhar às 4h30 ou 5 horas. Não chego em casa antes das 22 horas, nunca. Com frequência, não chego em casa antes da meia-noite. Não vejo meus filhos muito frequentemente. Trabalho nos fins de semana. Estou trabalhando incansavelmente para fazer os progressos necessários. Tinha a sensação de que as coisas melhorariam e então me conectaria novamente com minha família. Agora me ocorre que eles são a resposta aqui."

Inesperadamente, Craig percebeu que a forma como vivia era inconsistente com o que verdadeiramente queria a longo prazo. Sua falta de tempo para a família e as oportunidades para descansar e restabelecer as energias estavam de fato atrapalhando a recuperação da divisão. Era um momento decisivo e naquele momento ele tomou a decisão de se esforçar mais para chegar a um estilo de vida mais equilibrado. Começou a trabalhar nas horas tradicionais e a passar mais tempo com a família. Sua atitude e seu comportamento no trabalho melhoraram, e ele descobriu que estava tomando decisões melhores e utilizando sua equipe de forma mais eficaz. Inesperadamente, trabalhar menos e aumentar o tempo passado com a família o ajudou a obter mais e melhores resultados no trabalho.

## O significado de *Veja carros vermelhos* é dirigir com intenção

Nos últimos capítulos, começamos identificando seus interesses, paixões e pontos fortes. Em seguida, verificamos como se combinavam com o mercado, a tecnologia, as habilidades e a consciência necessárias para permanecer conectado e relevante. Essa ordem não foi aleatória. Sem esse insight, as pessoas identificam declarações "Eu quero" que têm mais a ver com as expectativas de seus vizinhos, cônjuges ou pais, ou com uma única conversa ou artigo que leram do que com seus pontos fortes, paixões e valores pessoais, juntamente com uma análise profunda e abrangente das tendências do mercado. Eles dizem para si mesmos: "Parece que o mercado está indo naquela direção, então vou para lá." Opa! Gostaria de enfatizar que o objetivo deveria ser combinar seus pontos fortes com uma direção comprovada para onde o mercado está indo, e é extremamente improvável que você tenha uma compreensão total de onde se encaixa melhor com base em apenas uma conversa ou um artigo. Converse com muitas pessoas para chegar a um ponto de vista bem-equilibrado.

O modo de pensar *Veja carros vermelhos* possibilita que você use o melhor que tem à sua disposição para definir sua vida e carreira e se certificar de que permanece relevante, bem-conectado e orgulhoso por chegar àquele lugar.

A primeira vez que escrevi declarações "Eu quero" usando esse processo foi em 1995. Identifiquei um cronograma de um ano. As categorias que escolhi foram carreira, dinheiro-renda, dinheiro-investimento, saúde e forma física, amigos e família, espiritualidade e fé e trabalho voluntário. Na categoria carreira, minha declaração foi: "Eu quero começar um negócio e encontrar um sócio para trabalhar de forma colaborativa até 31 de dezembro." Inicialmente, não tinha certeza sobre o tipo de negócio e sócio que buscava. Estabelecer o prazo me fez começar a falar com pessoas — muitas pessoas — da minha rede de contatos. Essa atitude me ajudou a desenvolver um quadro claro do negócio em minha mente e me levou a encontrar um excelente sócio que compartilhava minha visão.

Consegui realizar seis de minhas declarações "Eu quero" em 11 meses. Uma delas era um salto um pouco maior, e demorou um pouco mais, mas consegui realizar essa também. No prazo de um ano, pude visualizar os frutos desse exercício rapidamente, o que me fez acreditar em sua eficácia. Vou preveni-lo para ter certeza de que todas as suas declarações "Eu quero" estejam alinhadas com seus interesses, paixões, pontos fortes e valores, e também que sejam complementares. Quanto mais incorporar esses fatores em suas declarações, mais eficientes elas serão para você. Isso também aumentará a probabilidade de você realizar seus objetivos com resultados a longo prazo, e não com soluções temporárias. O escritor Daniel Pink adverte que os objetivos de curto prazo podem gerar resultados míopes. Então, faça o seguinte: concentre-se em seus pontos fortes, paixões e valores e escolha um prazo apropriado para você. Escreva-os. O mais importante de tudo, *faça*!

Antes de completar a Planilha de ponte (Ferramenta 6) a seguir, quero fornecer o contexto de sua importância. Pense na ilustração de tensão de Peter Senge descrita no início, em *A quinta disciplina*. A caixa à esquerda da Planilha de ponte, ONDE ESTOU/ESTAMOS, representa o polo no lado esquerdo da ilustração de Senge, e a caixa da direita, O QUE QUERO/QUEREMOS, representa a mão no lado direito. Você está no meio com elásticos ao redor da cintura. Senge afirma que a justaposição do lado esquerdo, representando onde você está, relativa ao lado direito, representando o que você quer, "causa uma tensão criativa natural, e a tendência natural da tensão é buscar a resolução". Se você se concentra em "Eu não quero", subconscientemente será puxado para a esquerda. Se intencionalmente se concentrar em "Eu quero", será puxado para a direita. Aprender a gerar e sustentar a tensão criativa de forma que tenda para a direita lhe fornece uma ferramenta eficiente para levá-lo a conseguir o que quer.

Na Planilha de ponte a seguir, você dará mais um passo à frente e expandirá suas prioridades mais importantes no ano vindouro, seus objetivos "essenciais" e suas prioridades "importantes, mas não necessárias". Essa parte do exercício também faz uso do princípio de Pareto (também conhecido como a regra 80/20), o qual afirma que aproximadamente 80% dos efeitos derivam de 20% das causas. Extrapolando para os negócios, 20% de seus esforços "Eu quero" listados entre os "essenciais" produzirão maior valor para você, o que lhe dará prioridades claras com base nas quais é possível construir um plano para se dirigir intencionalmente rumo a seus objetivos "essenciais" e alcançar o que *de fato* deseja. Lembre-se, você consegue mais *daquilo* em que se concentrar.

## Conjunto de Ferramentas **CARROS VERMELHOS**

## PONTE PARA UM VOCÊ BEM-EQUILIBRADO

| Onde estou/estamos: | O que quero/queremos: |
|---|---|
|  |  |

| Essenciais: | Importante, mas não necessário: |
|---|---|
|  |  |

*Ferramenta 6* Ponte entre onde você está e onde quer estar

Eis onde você reúne todas as atividades. Vá para a Planilha de ponte pessoal na página 12 no PDF do Conjunto de Ferramentas Carros Vermelhos. Talvez seja útil revisar o exemplo de Planilha de ponte de Joe à medida que for completando o exercício.

1. Primeiro, na coluna O QUE QUERO/QUEREMOS, no canto superior direito, escolha cinco categorias da roda (Ferramenta 4) e digite uma categoria para cada espaço, juntamente com sua declaração "Eu quero" favorita daquela categoria, na planilha das declarações bem-equilibradas.
2. Segundo, na coluna ONDE ESTOU/ESTAMOS, no canto superior esquerdo, digite uma declaração que descreva onde está neste exato momento em relação a cada um de seus cinco "Eu quero" principais.
3. Terceiro, na coluna ESSENCIAIS no canto inferior esquerdo, escolha as duas ou três declarações "Eu quero" mais importantes (da coluna de cima à direita) e digite-as em forma de declarações "Eu quero" com um prazo definido (Um ano? Três anos? Cinco anos?).
4. Finalmente, na coluna IMPORTANTE, MAS NÃO NECESSÁRIO, digite as duas ou três declarações "Eu quero" restantes.

Esse exercício de ponte permite que você veja tudo em um só lugar e visualize a configuração do todo. No Capítulo 7, você recorrerá a essa planilha à medida que for criando seu Plano de ação, organizando ações mensais, semanais e diárias para começar a se dirigir rumo a seus "Eu quero" mais importantes.

## Esteja atento aos fatores externos

Até este ponto, abordei fatores que estão, antes de tudo, sob seu controle: a identificação de seus pontos fortes, paixões, interesses e valores, como escrever suas declarações "Eu quero" pessoais e traçar um percurso rumo a seus desejos. Todas essas atividades são úteis, mas o mundo real pode introduzir muitos fatores que interrompem seu progresso ou redirecionam completamente o percurso.

Gostaria de abordar dois fatores externos que devem receber sua atenção à medida que for trabalhando em seus "Eu quero": fases da vida e padrões de comportamento. A atenção constante e consciente a esses fatores o ajuda a evitar a retomada de comportamentos que não estão alinhados com seus objetivos de longo prazo.

## Estações da vida

Sempre digo às pessoas que há estações na vida. As estações têm um começo e um fim. Fazem parte da vida. São inevitáveis.

Elas podem ocorrer quando você é chamado para cuidar das necessidades de crianças ou de pais idosos. Quando se tem um bebê, passa-se um período sem dormir de maneira adequada, não há como escapar disso. É inevitável. É em épocas como essa que a vida pode perder o rumo. Nosso equilíbrio, nossas prioridades e o que queremos de um ponto de vista mais holístico podem perder o rumo.

Há também estações em que é mais fácil e importante voltar a estudar, viajar mais ou alocar as horas necessárias para conseguir que um projeto importante ou um negócio deslanche. Quando essas estações surgem e nossas necessidades mudam, precisamos encontrar maneiras de adaptar nossos horários.

Lembro-me de minha viagem pelo caminho das necessidades alteradas. Quando meus filhos eram pequenos, fiquei desesperada por um horário flexível ou uma carga de clientes menor durante alguns anos. Eu era uma representante de vendas premiada com uma ótima reputação, mas nem a empresa onde trabalhava, nem as inúmeras empresas com as quais conversei sequer *cogitaram* um horário flexível. Decidi começar meu próprio negócio e nunca me arrependi da mudança.

Às vezes, as estações nascem de circunstâncias indesejadas. Elas podem ser momentos de verdadeiro desequilíbrio em nossa vida. Por exemplo, quando meu pai estava morrendo, não havia nenhum equilíbrio em minha vida. Não comia nem dormia corretamente. Na verdade, lembro-me de pensar que ambas as atividades eram superestimadas. Exercício? Ah, tá legal. Envolvimento comunitário? Você está brincando? Sentia-me afortunada quando minhas meias combinavam uma com a outra e eu conseguia cuidar das necessidades básicas da minha família. Essa é uma das muitas estações da vida. Como mencionei, elas têm um começo e um fim, e todos nós reconhecemos que fazem parte da vida.

De vez em quando, pode ser muito difícil para as pessoas reconhecerem ou aceitarem que uma estação passa. Há respostas reacionárias e criativas para as circunstâncias da vida, ou para aquilo que chamo de estações da vida. Em primeiro lugar, aconselho as pessoas a reconhecerem que a estação pela qual estão passando terá um fim. Uma vez que estejam dispostas a ser criativas, começarão a criar soluções para lidar de forma eficiente com a situação, a aprender com ela, a seguir em frente ou a encontrar seu lado positivo oculto. Quando estou trabalhando com pessoas que estão passando por circunstâncias ou estações que mudam a vida, eu lhes pergunto: "Por quanto tempo você reagirá a essa mudança na vida? Em que momento passará de reacionário para criativo?" Aconselho-as a "fincar uma estaca no chão" e a determinar uma data de término. Elas podem escolher um prazo curto ou longo demais, mas pelo menos estão tomando uma decisão consciente, em vez de permitirem que sua reação inconsciente se prolongue por muito mais tempo do que o justificado pela estação, o que pode terminar sendo muito mais prejudicial.

## Padrões de comportamento

Além disso, há os padrões de comportamento que devem ser objeto de precaução. Quando comportamentos se transformam em padrões inconsistentes com o que queremos a longo prazo, eles podem ser problemáticos. Um bom exemplo é a história de Craig, que estava trabalhando à custa do tempo com sua família. Sem os marcos do caminho e os objetivos específicos de nossas declarações "Eu quero", corremos o risco de desenvolver um padrão de comportamento que poderia impedir nossa capacidade de alcançar o sucesso de uma forma bem-equilibrada. Ser objetivo com relação ao que deseja lhe permitirá não perder o rumo. Se não tiver certeza se um padrão de comportamento está obstruindo seu caminho, verifique mais uma vez sua roda bem-equilibrada. Há categorias que você classificou como patamares inferiores em termos do lugar em que se encontra atualmente? Procure seus conselheiros confiáveis e peça-lhes ajuda: "Você me ajuda a descobrir se há um padrão de comportamento que está me impedindo de alcançar o que quero nesta área de minha vida?" Se um padrão for identificado, reconheça-o, coloque-o em destaque e acrescente-o ao seu Plano de ação.

A resposta, mais uma vez: empregue de forma ativa a atitude mental dos resultados positivos *Veja carros vermelhos* enquanto dirige intencionalmente com faróis altos. Você está no controle.

## Em seguida, elabore seu plano profissional

O próximo capítulo fornecerá um conjunto paralelo de atividades para identificar suas declarações "Eu quero" profissionais da mesma forma que identificamos suas declarações "Eu quero" pessoais neste capítulo. Encerrarei com uma história para mostrar que nunca é tarde demais para completar os exercícios do Conjunto de Ferramentas Carros Vermelhos e mudar completamente sua vida.

Anos atrás, trabalhei com um escritório de advocacia em fase de transição. Eles estavam abrindo novos escritórios e mudando as funções de um escritório já existente. Um sócio graduado, Walter, que trabalhara na empresa por mais de quarenta anos, se aposentara recentemente e lutava com o excesso de tempo livre. O trabalho consumira sua vida inteira, e ele se divorciara mais de vinte anos antes. Ele ainda se via envolvido com o rumo estratégico da empresa, mas não com as funções do dia a dia. Walter decidiu participar de nossas reuniões matutinas às segundas-feiras.

Havia muita conversa relacionada a trabalho, sua estratégia e seus planos para crescimento e recrutamento. Todos os membros da equipe passaram pelo processo de escrever suas declarações pessoais e profissionais "Eu quero". A ideia de declarações pessoais "Eu quero" era nova para Walter, mas, ao mesmo tempo, estranhamente atraentes.

Na reunião seguinte, Walter chegou portando suas declarações pessoais "Eu quero" e se mostrava ansioso em compartilhá-las com o grupo. Suas declarações compreendiam:

- Eu quero dedicar tempo de qualidade à minha família e aos meus amigos duas vezes por semana. (Tomar a iniciativa de sugerir atividades era uma novidade para ele.)
- Eu quero me exercitar por uma hora, cinco dias na semana. (Só trabalho e nenhuma diversão lhe trouxeram inúmeras doenças.)
- Eu quero viajar por pelo menos uma semana duas vezes ao ano. (O excesso de trabalho o levara a não tirar férias.)
- Eu quero contratar um arquiteto para redecorar o primeiro andar de minha casa nas próximas duas semanas. (Sua casa estava terrivelmente desatualizada e refletia de forma gritante que seu dono era um "viciado em trabalho" solteiro.)
- Eu quero completar a decoração do primeiro andar de minha casa nos próximos noventa dias.
- Eu quero participar do comitê da minha igreja. (Ele frequentava a igreja, mas não dedicava tempo à comunidade da igreja, por conta da carga de trabalho pesada.)
- Eu quero encontrar alguém com quem passar o tempo e me divertir e que essa pessoa goste de minha companhia também. (Ele não saía com ninguém desde o divórcio.)

Uma vez que Walter passava mais tempo em casa do que no escritório, eis os tipos de gatilhos Carros Vermelhos que poderiam ajudar seus "Eu quero" prioritários (ver a seção "Gatilhos" no final do livro para obter uma lista completa de ideias):

- Um quadro ou uma pintura de um carro vermelho na parede.
- Um modelo em miniatura de um carro vermelho exibido em um ponto central na casa dele.

- Avisos com declarações "Eu quero" colados próximos ao telefone, ou em sua mesa de cabeceira ou no espelho do banheiro.
- Acessórios vermelhos em seu carro.
- Uma porta pintada de vermelho (por exemplo, a porta da garagem).

Fiz um trabalho individualizado com Walter durante vários meses. Ele levou as ações mensais, semanais e diárias associadas às suas declarações pessoais "Eu quero" muito a sério. Após seis meses, comecei a receber mensagens e ligações telefônicas de agradecimento de sua família e de seus amigos. Sua filha ainda trabalha na empresa. A história de Walter comprova que ser bem-sucedido tanto pessoal quanto profissionalmente leva a uma vida mais balanceada, a qual pode não ser alcançada apenas com o sucesso profissional. Nunca é tarde demais.

Agora, antes de seguir adiante e esclarecer seus "Eu quero" profissionais, faça um intervalo. Você trabalhou muito até agora. Deixe o primeiro conjunto de planilhas ser processado por sua mente. No Capítulo 6, você completará os exercícios Carros Vermelhos para se tornar bem-equilibrado em sua vida profissional também.

## CAPÍTULO 6

# Crie "Eu quero" profissionais

O que é mais importante para você na vida profissional ou no trabalho? Neste capítulo, você desenvolverá ainda mais os exercícios "Eu quero" e completará o mesmo conjunto de atividades com o foco em esclarecer suas principais "Eu quero" no desenvolvimento de um "você profissional" bem-equilibrado.

Há uma ressalva importante neste capítulo: no que se refere à vida profissional ou ao trabalho, o condicionamento social e as experiências criam *expectativas subconscientes poderosas* em pessoas que não estão *intencionalmente* cientes de sua influência. Como dissemos no Capítulo 1, a menos que as pessoas dediquem esforços conscientes para se concentrar no que querem, aproximadamente 70% de seus pensamentos subconscientemente se concentram no que elas não querem ou no que estão tentando evitar. Esses pensamentos negativos podem agir como uma correnteza no oceano, repentinamente arrebatando-o e arrastando-o para o fundo se você não estiver prestando muita atenção.

Falamos sobre o condicionamento social e as experiências vividas no Capítulo 1, e vale a pena refrescar nossa memória nesse momento. Nossa família é o primeiro lugar em que o condicionamento social começa, e então ele continua na escola e inclui as pessoas com as quais nos relacionamos, o trabalho que fazemos e o ambiente no qual nos inserimos.

Lembro-me de uma conversa com um cliente na qual ele reconheceu que desenvolvera uma expectativa de relacionamentos positivos com colegas de trabalho e relacionamentos medíocres com líderes na vida profissional. O pai e os tios sempre reclamavam de seus chefes, mas apreciavam os relacionamentos com os colegas de trabalho. Esse condicionamento social fizera com que ele focasse no que não queria com os superiores e no que *de fato* queria com os colegas de trabalho. Ao refletir sobre isso, ele percebeu que essas expectativas inconscientes o haviam preparado para relacionamentos desafiadores com superiores desde que começara a trabalhar. Não importava quem eram os superiores. Ele tratava as situações com uma lista interna inconsciente "Eu não quero" que complicava os relacionamentos com aqueles que desempenhavam o papel de líderes.

Para combater essa tendência, meu cliente poderia redigir uma declaração tal como esta: "Estou ciente das prioridades do meu superior e me certifico de que as abordo em primeiro lugar para que nossas interações sejam produtivas e positivas." Tratar os superiores com essa intenção pré-programada em mente o deixaria preparado para interações eficientes. O mesmo serve para você. Definir o que quer nos relacionamentos profissionais é a forma de fazer uso de suas expectativas positivas armazenadas e de superar a tendência natural de suas ações serem influenciadas pelo condicionamento social negativo inconsciente. Lembre-se: você consegue mais *daquilo em que se concentrar.*

## Exemplo de planilhas profissionais Carros Vermelhos

Antes de completar suas planilhas "Eu quero" profissionais, novamente será útil ver um exemplo preenchido. Para esse exemplo, temos Lily, uma especialista de vendas de serviços financeiros com dez anos de atividade profissional. Ela completou as seguintes atividades Carros Vermelhos:

- Paixões e interesses, Pontos fortes e Valores (*Ferramenta 7*)
- Lista de realizações profissionais (*Ferramenta 8*)
- Roda profissional bem-equilibrada (*Ferramenta 9*)
- Declarações "Eu quero" profissionais bem-equilibradas (*Ferramenta 10*)
- Planilha profissional de ponte (*Ferramenta 11*)
- Plano de ação de 52 semanas

Analise o exemplo de Lily antes de começar.

| PAIXÕES E INTERESSES | PONTOS FORTES |
|---|---|
| Conhecimentos novos e diferentes | Realizadora |
| Liderança | Comunicação |
| Ajudar as pessoas a alcançarem seus objetivos | Concentração |
| Como o cenário financeiro se desenvolverá | Futurista |
| Elaborar novos caminhos para o futuro | Estrategista |

| VALORES |
|---|
| Integridade |
| Trabalho árduo |
| Inovação |
| Progressista |
| Aventura |

*Ferramenta 7* Paixões e Interesses, Pontos fortes e Valores de Lily

## LISTA DE REALIZAÇÕES
*Para um eu/uma equipe profissional*

**O que eu quero...**

- [ ] Eu quero ser a voz da razão nos momentos de desafio.
- [ ] Eu quero ser criativa e habilidosa quando os desafios ocorrerem.
- [ ] Eu quero ser curiosa e consciente das tendências e dos desafios do mercado.
- [ ] Eu quero estar ciente das prioridades de outros departamentos.
- [ ] Eu quero tomar medidas para criar um relacionamento positivo com outros departamentos.
- [ ] Eu quero constantemente aprender com outros departamentos.
- [ ] Eu quero criar um relacionamento positivo com meu superior.
- [ ] Eu quero saber o que motiva meu superior
- [ ] Eu quero compartilhar meus interesses, pontos fortes e valores com meu superior.
- [ ] Eu quero conectar meus pontos fortes/paixões/valores com os objetivos da equipe.
- [ ] Eu quero trabalhar de forma eficiente com meus colegas de trabalho.
- [ ] Eu quero conhecer seus pontos fortes/paixões/valores.
- [ ] Eu quero conhecer os pontos fortes, paixões e valores de cada um de meus funcionários.
- [ ] Eu quero estabelecer prazos e cumpri-los antes das datas programadas.
- [ ] Eu quero ser parte da solução quando as mudanças ocorrerem.

*Ferramenta 8* Lista de realizações profissionais de Lily

# RODA PROFISSIONAL

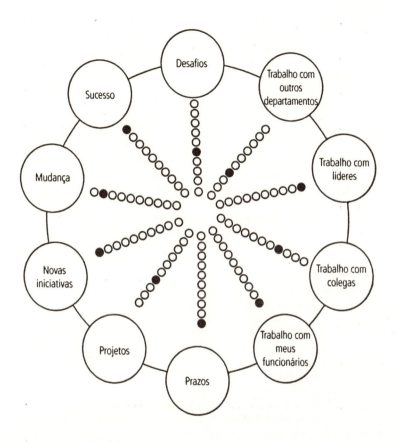

**Ferramenta 9** Roda profissional bem-equilibrada de Lily

Observe a posição dos pontinhos pretos. O centro da roda é 0, e o perímetro é 10.

# DECLARAÇÕES PROFISSIONAIS

### DESAFIOS

Eu quero ser criativa quando enfrentar desafios.
Eu quero ser parte da solução quando os desafios surgirem.

### TRABALHO COM OUTROS DEPARTAMENTOS

Eu quero trabalhar de forma colaborativa com outros departamentos.
Eu quero descobrir quais são os pontos fortes de outros departamentos.
Eu quero buscar primeiro compreender e depois ser compreendida em minhas interações com outros departamentos.
Eu quero ser vista como uma força para a mudança positiva e como uma pessoa comprometida em encontrar a melhor solução.
Eu quero ser vista como um tipo de profissional que cumpre suas tarefas.

### TRABALHO COM SUPERIORES

Eu quero buscar os pontos fortes, paixões e valores de meu superior.
Eu quero estabelecer conexões entre meus pontos fortes, paixões e valores e os objetivos da equipe.
Eu quero compreender o melhor método de comunicação para meu superior e realizar a comunicação por meio desse método.

*Ferramenta 10* Declarações "Eu quero" profissionais bem-equilibradas de Lily

# PONTE PARA UM VOCÊ PROFISSIONAL

| Onde estou/estamos: | O que quero/queremos: |
|---|---|
| Eu quero trabalhar de forma eficiente com outros departamentos.<br><br>Eu sou mais leal à minha equipe e menos leal a outros departamentos.<br><br>Eu costumo criticar as novas iniciativas, reclamar delas e demonstrar impaciência.<br><br>Eu costumo ficar paralisado diante de mudanças.<br><br>Eu costumo ter dúvidas sobre minha capacidade de ser bem-sucedido. | Eu quero usar meu ponto forte de foco para atingir nossos objetivos de vendas do primeiro trimestre. (Desafio)<br><br>Eu quero aprender as melhores práticas de outro departamento até maio. (Trabalho com outros departamentos)<br><br>Eu quero oferecer ideias sobre o novo projeto para meu chefe até o terceiro trimestre. (Novas iniciativas)<br><br>Eu quero encontrar contatos que saibam a respeito da mudança do site até o segundo trimestre e ser parte da solução para melhorar nosso departamento. (Mudança)<br><br>Eu quero encontrar um projeto fora de meu departamento que faça melhor uso de minha capacidade de comunicação até o fim do ano. (Sucesso) |
| **Essenciais:** | **Importante, mas não necessário:** |
| Eu quero oferecer ideias sobre o novo projeto para meu chefe até o terceiro trimestre. (Novas iniciativas)<br><br>Eu quero encontrar contatos que saibam a respeito da mudança do site até o segundo trimestre e ser parte da solução para melhorar nosso departamento. (Mudança) | Eu quero usar meu ponto forte de concentração para alcançar as metas de vendas do primeiro trimestre. (Desafio)<br><br>Eu quero aprender as melhores práticas de outro departamento até maio. (Trabalho com outros departamentos)<br><br>Eu quero encontrar um projeto fora de meu departamento que faça melhor uso de minha capacidade de comunicação até o fim do ano. (Sucesso) |

*Ferramenta 11* Planilha profissional de ponte de Lily

# PLANO DE AÇÃO

PRIORIDADES PESSOAIS:

- Eu quero organizar e planejar programas divertidos com minha família e meus amigos toda semana.
- Eu quero organizar programas individuais com meu filho toda semana.
- Eu quero me reunir com amigos pelo menos uma vez no mês e tomar café com uma amiga duas vezes no mês. (Família e amigos)
- Eu quero ficar fisicamente saudável, exercitando-me por 45 minutos, três vezes por semana. (Saúde e forma física)

PRIORIDADES PROFISSIONAIS:

- Eu quero oferecer ideias sobre o novo projeto para meu chefe até o terceiro trimestre. (Novas iniciativas)
- Eu quero encontrar contatos que saibam a respeito da mudança do site até o segundo trimestre e ser parte da solução para melhorar nosso departamento. (Mudança)

AÇÕES:

- Andar de patins ou de bicicleta com David na quarta-feira. ☐
- Ir às aulas de pilates às terças e quintas-feiras. ☐
- Tomar café e, em seguida, fazer uma longa caminhada com Leah na sexta-feira à tarde. ☐
- Pesquisar o desafio do site e descobrir onde posso ajudar. ☐
- Enviar um e-mail para Dave Johnstone para informá-lo de que estou disposta a ajudar. ☐
- Tomar café com minha amiga Lisa, da empresa ABC, para saber como eles lidaram com os desafios de seu site. ☐
- Dedicar duas horas pesquisando os desafios e as soluções para o site. ☐

*Ferramenta 12* Plano de ação de 52 semanas de Lily (Semana 1)

Com a Ferramenta 10 você irá criar declarações profissionais "Eu quero" nas dez categorias da Roda profissional *Veja carros vermelhos*: *desafios*, trabalho com outros *departamentos*, trabalho com *superiores*, trabalho com *colegas*, trabalho com seus *funcionários*, estabelecer *prazos* consistentes e cumpri-los, *projetos*, *novas iniciativas*, *mudança* e *sucesso*, de forma que suas paixões e pontos fortes possam brilhar. *Essa é uma das atividades mais importantes descritas neste livro*. Das dez categorias nessa roda, as quatro do lado direito, começando com "Trabalho com", dizem respeito aos relacionamentos com os outros e suas mudanças são mais fáceis de se realizarem rapidamente. As seis categorias restantes dizem respeito às expectativas para sua vida profissional. Elas exigem prazos mais longos e trabalho com mais dedicação para produzir mudanças.

Ser extremamente objetivo com relação aos "Eu quero" profissionais pode fazer uma grande diferença para as pessoas ou ser o que os atrapalha e faz com que percam as oportunidades que combinariam com seus melhores talentos e pontos fortes. Ser pouco objetivo em duas ou três dessas categorias pode possibilitar que as "Eu não quero" subconscientes assumam o controle e influenciem seus pensamentos e ações. Se você não resistir conscientemente, a tendência natural para concentrar-se no que não quer entra em jogo e atrapalha aquilo que você quer realizar profissionalmente. E você pode não se dar conta de que suas experiências estão criando sua realidade atual!

Mais uma vez, a consciência é a chave. Sem conscientização, as experiências e o condicionamento social subconsciente prevalecem. Com a conscientização e com as declarações "Eu quero" escritas intencionalmente em cada uma das categorias na roda profissional, você mantém o controle da roda de direção da vida e ficará mais bem-preparado para navegar conscientemente pelas correntes potencialmente negativas das experiências e do condicionamento social.

## Esclarecer os "Eu quero" profissionais gera autonomia

Em *Motivação 3.0*, de Daniel Pink, o autor afirma que "uma das coisas que nos guia é a autonomia". A autonomia é a capacidade de o indivíduo racional tomar uma decisão consciente e não coagida. É fundamental para nossa felicidade. Pink diz: "Todos nós desejamos ser autônomos e ter controle sobre nossa vida e destino." Faz sentido, não faz? Todos nós conhecemos pessoas que não têm autonomia em sua linha de trabalho e buscam controle em outro lugar. Quando você não tem autonomia, é mais provável que resista à mudança ou à direção de seus superiores. Nesses momentos em que carecer de uma sensação de controle, você está mais propenso a retornar ao medo e à preocupação e a se concentrar em seus "Eu não quero". Lute contra essa tendência ao manter o foco intencional em seus "Eu quero". Mais uma vez, você consegue mais daquilo em que se concentrar. Se estiver pensando em carros vermelhos, você os verá em todos os lugares.

Na realidade, não obstante o estágio em que esteja na vida profissional — apenas começando, no meio da carreira, ou em um estágio posterior —, você fará um favor para si mesmo ou para sua família ao esclarecer seus pontos fortes, interesses e valores e a forma como se referem à sua vida pessoal e *profissional* e ao definir o que quer em todas as dez categorias da Roda profissional *Veja carros vermelhos*. Quando encontrar uma oportunidade de carreira compatível com seus pontos fortes e interesses e alinhada com seus "Eu quero" pessoais e profissionais, você ganhará, e sua empresa ganhará também.

Encontrar o alinhamento profissional é algo muito parecido com namorar, na prática. Quando você avalia a pessoa com quem deseja se casar, intuitivamente considera seus valores fundamentais em comparação com aqueles de seu cônjuge potencial ou parceiro. Eles combinam? São opostos? Provavelmente você não mudará o indivíduo que escolhe para casar ou a companhia que escolhe para ter. Tomar as decisões certas no casamento e na carreira é decisivamente importante para seu sucesso e satisfação.

A essa altura, você pode estar pensando: "Então, como faço para alcançar o alinhamento de forma que possa tomar decisões melhores?" Os exercícios que está prestes a completar lhe mostrarão como.

Então, vamos esclarecer seus desejos profissionais guiando-o pelas seguintes seis atividades "Eu quero" profissionais *Veja carros vermelhos*. Observe: cada uma dessas atividades pode ser completada individualmente ou com sua equipe de trabalho usando as mesmas planilhas profissionais *Veja carros vermelhos* (isto é, o que "Eu quero" quando trabalho sozinho ou com minha equipe e o que "Nós queremos" como equipe).

## *Conjunto de Ferramentas* **CARROS VERMELHOS**
Ferramenta 7 Complemente seus Pontos fortes, Paixões/Interesses e Valores

Vá para a página 13 do PDF do Conjunto de Ferramentas Carros Vermelhos. Pense em sua vida profissional ou em sua vida de trabalho e releia as listas de palavras que inseriu nessa planilha. Alguma palavra adicional vem à sua mente que esclareça mais o que é importante para você, do ponto de vista profissional, em cada uma dessas categorias? Caso positivo, acrescente tais palavras a essa planilha. Se nada mais surgir, tudo bem. A ação mais importante foi revisar a lista e refrescar sua memória antes de passar para os próximos exercícios.

## Conjunto de Ferramentas **CARROS VERMELHOS**

### LISTA DE REALIZAÇÕES
*Para um eu/uma equipe profissional*

**O que eu quero...**

☐ _____
☐ _____
☐ _____
☐ _____
☐ _____
☐ _____
☐ _____
☐ _____
☐ _____
☐ _____
☐ _____
☐ _____
☐ _____
☐ _____

*Ferramenta 8* Faça um *brainstorming* de seus desejos profissionais

Na Lista de realizações profissionais, insira tudo que tenha pensado ou dito que quer na vida profissional. Pense nas dez categorias da Roda profissional e avalie: prefiro trabalhar de forma independente ou com outras pessoas? Eu prefiro estrutura? Gosto de gerenciar outros? A mudança me estimula, ou eu a evito? Os prazos agressivos me animam ou me fazem sentir ansioso?

Se você está sem ideias, leia as categorias a seguir para lembrá-lo de coisas que você pode ter dito que quer em sua vida profissional:

    Superiores                    Novas iniciativas
    Colegas de trabalho     Mudança
    Meus funcionários       Sucesso
    Prazos                      Desafios
    Projetos                     Outros

## Conjunto de Ferramentas **CARROS VERMELHOS**

**RODA PROFISSIONAL**

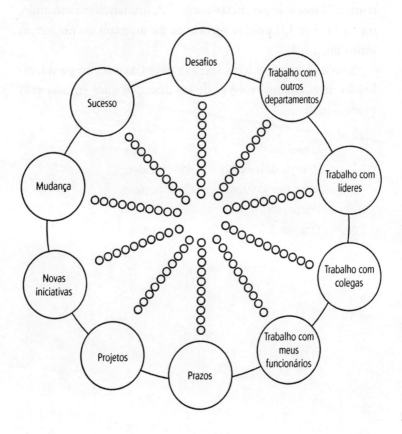

*Ferramenta 9* Em uma escala de 1 a 10, onde você se encontra agora com relação a seus objetivos profissionais?

Exatamente da mesma forma que a Roda pessoal, o centro da roda é seu ponto de partida (0), seguindo os raios até cada um dos objetivos da carreira (10). Escureça o círculo (ou clique no PDF editável na página 17) no qual você acredita estar neste momento, em uma escala de 1 a 10, no caminho para alcançar o que deseja em cada categoria.

## Conjunto de Ferramentas **CARROS VERMELHOS**

## DECLARAÇÕES PROFISSIONAIS

ACRESCENTE CATEGORIA

ACRESCENTE CATEGORIA

ACRESCENTE CATEGORIA

*Ferramenta 10* O que você deseja profissionalmente?

Vá para a página 18 no PDF do Conjunto de Ferramentas. Escolha as quatro ou cinco categorias da roda profissional que são mais importantes para você no próximo ano. Você fará uma seleção até chegar a uma declaração "Eu quero" profissional para cada categoria que escolher. Insira as metas nas caixas em cor cinza e comece a rascunhar declarações profissionais "Eu quero" que se apliquem a cada objetivo. Lembre-se de usar os cinco critérios para escrever as declarações "Eu quero"; concentre-se na objetividade; seja bem específico; identifique o que quer; torne-as mensuráveis; e crie um prazo.

Eis as categorias da Roda profissional para referência:

| | |
|---|---|
| Sucesso | Prazos |
| Desafios | Projetos |
| Trabalho com outros departamentos | Novas iniciativas |
| Trabalho com superiores | Mudança |
| Trabalho com colegas | (acrescente aqui os seus) |
| Trabalho com meus funcionários | |

## Conjunto de Ferramentas **CARROS VERMELHOS**

**PONTE PARA UM VOCÊ PROFISSIONAL**

| Onde estou/estamos: | O que quero/queremos: |
|---|---|
|  |  |

| Essenciais: | Importante, mas não necessário: |
|---|---|
|  |  |

*Ferramenta 11* Planilha de ponte profissional *Veja carros vermelhos*

Agora você reunirá suas prioridades principais em um só lugar. Vá para a Planilha de ponte profissional (Ferramenta 11) na página 22 do PDF do Conjunto de Ferramentas Carros Vermelhos. Talvez seja útil revisar a Planilha de ponte exemplo de Lily no Capítulo 6 deste livro.

1. Primeiro, em O QUE QUERO/QUEREMOS, no canto superior direito, escolha cinco categorias da roda profissional (página 17 do PDF) e insira uma categoria em cada espaço, juntamente com sua declaração "Eu quero" favorita daquela categoria na planilha de declarações profissionais bem-equilibradas (começando na página 18 do PDF).
2. Segundo, em ONDE ESTOU/ESTAMOS no canto superior esquerdo, digite uma declaração que descreva onde você está neste momento com cada um de seus cinco "Eu quero" principais.
3. Terceiro, em ESSENCIAIS, no canto inferior esquerdo, escolha as duas ou três "Eu quero" mais importantes (do canto superior direito) e insira-as como declarações "Eu quero" com prazos definidos (Um ano? Três anos? Cinco anos?).
4. Finalmente, em IMPORTANTE, MAS NÃO NECESSÁRIO, coloque as duas ou três declarações "Eu quero" restantes.

Você agora deve estar bem mais preparado para avaliar qualquer oportunidade de emprego ou decisão de carreira que enfrentar. Use as informações que reuniu durante o processo para permanecer focado em suas melhores qualidades e seus desejos.

## Seu ambiente o influencia

Se sua família tem uma história de reclamar de experiências de trabalho, empresas e empregos, é provável que você e, posteriormente, seus filhos venham a se comportar da mesma forma. Se o condicionamento social o levou a acreditar que é inevitável que a empresa em que você trabalha se aproveite de você, provavelmente acabará trabalhando em uma empresa desse tipo e perpetuará o processo lamentando as injustiças do mundo do trabalho. Mais tarde, seus filhos, tendo observado você fazer isso por anos, se prepararão para uma jornada semelhante.

Em contrapartida, se os pais consideraram seus empregos satisfatórios e gratificantes, os filhos provavelmente criarão para si mesmos uma experiência de trabalho igualmente gratificante.

Se você estiver em um ambiente de trabalho que divirja do que você deseja e que o faz se sentir paralisado por conta do que espera do condicionamento social, saia dele rapidamente. *Há líderes, equipes e empresas ruins, mas ninguém o está forçando a permanecer com eles, exceto você mesmo e suas expectativas.*

## Posicione-se melhor concentrando-se nos "Eu quero" profissionais

Pouquíssimos dos recém-formados com quem trabalhei avaliam suas primeiras experiências profissionais de forma favorável. Tragicamente, muitas vezes, a situação não melhora com os cargos subsequentes. Um amigo que é recrutador me contou uma história sobre um jovem profissional (Carlos) que procurava seu segundo emprego. Carlos aceitara seu primeiro emprego com grandes expectativas e se decepcionara profundamente. Ele estava determinado a evitar todos os desgostos do primeiro emprego. Ao ser contatado por uma organização para uma entrevista, Carlos se preparou criando uma lista do que não queria no cargo:

- Eu não quero uma equipe que se desintegra ao primeiro sinal de mudança significativa.
- Eu não quero uma empresa que esteja dividida em compartimentos estanques ou departamentos que não são cooperativos.
- Eu não quero líderes ruins.
- Eu não quero colegas de trabalho que não assumem responsabilidades.
- Eu não quero prazos flexíveis.
- Eu não quero projetos que sejam inferiores no sistema hierárquico das prioridades da empresa.
- Eu não quero uma cultura avessa a mudanças e resistente a novas iniciativas.

Carlos se orgulhava de sua lista e, após começá-la, se empolgou em explicar todos os itens. Ele pensava que compartilhar essa lista com o entrevistador comunicaria o que *de fato queria*, e que o entrevistador compreenderia que a intenção dele era comunicar o oposto dessas declarações. O entrevistador não concedeu uma segunda entrevista a Carlos, muito embora ele fosse bem-capacitado para o cargo. O recrutador, mais tarde, percebeu que foi por causa da impressão negativa causada pela lista "Eu não quero" de Carlos.

O recrutador me contou que agora ajuda os candidatos a se prepararem para entrevistas discutindo com eles o que *querem*, juntamente com os atributos que trarão para a empresa, a fim de ajudá-la a alcançar seus objetivos. Então, como Carlos poderia ter lidado com a entrevista de forma diferente? Contrastarei cada uma das declarações de Carlos com a versão positiva:

| O que Carlos disse que não queria | O que Carlos queria |
|---|---|
| Uma equipe que se desintegra ao primeiro sinal de mudança significativa. | Uma equipe que recebe bem os desafios e que colabora para criar estratégias e soluções eficientes. |
| Uma empresa que esteja dividida em compartimentos estanques ou departamentos que não são cooperativos. | Uma cultura de trabalho que recompensa a colaboração e o acesso aos departamentos, na qual compartilhar leva a soluções e inovações melhores. |
| Líderes ruins. | Excelentes líderes dedicados ao crescimento e ao desenvolvimento de cada um de seus funcionários. |
| Colegas de trabalho que não assumem responsabilidades. | Colegas de trabalho que se responsabilizam por projetos e resultados e admitem francamente os erros cometidos no percurso. |
| Prazos flexíveis. | Uma cultura que valoriza prazos e a execução deles. |
| Projetos que sejam inferiores no sistema hierárquico das prioridades da empresa. | Projetos que são valorizados e têm prioridade na empresa. |
| Uma cultura avessa a mudanças e resistente às novas iniciativas. | Uma empresa adaptável a mudanças e comprometida em criar novos projetos bem-sucedidos e depois agir para realizá-los. |

Se Carlos tivesse declarado seus desejos dessa forma, poderia ter sido contratado por aquela empresa e estaria lá até hoje. Ser claro sobre o que você quer o manterá na direção dos projetos, empresas, equipes e líderes certos. Se houver alguma incompatibilidade, fique agradecido por ficar sabendo dela logo no início. Quando você tem uma lista "Eu não quero", as pessoas não conseguem ajudá-lo a estabelecer as conexões com os projetos certos. Acredito que sua capacidade de identificar objetivamente seus interesses, paixões, pontos fortes e valores, juntamente com o que quer, e de articular a forma como seus atributos beneficiarão o projeto, a equipe ou a empresa certos guiará o melhor de você mesmo para os projetos em andamento e aumentará suas chances de alinhamento. As pessoas que costumam ser escolhidas para trabalhar nos melhores projetos tornam-se muito boas em se juntar às empresas certas, aos projetos certos e aos melhores membros das equipes. Lembre-se, você consegue mais daquilo em que se concentrar.

## Vá além do título do cargo

Sempre aconselho as pessoas a não ficarem presas ao título de seu cargo. Eu estava trabalhando com Molly, e tínhamos passado pelo processo de identificação de seus pontos fortes, paixões e valores e pelo desenvolvimento das declarações profissionais "Eu quero". Molly estava no processo de busca por um novo emprego. Por meio dos exercícios "Eu quero" profissionais, Molly esclareceu que:

- tem paixão por trabalhar com pessoas e é muito boa nisso;
- tem boa capacidade de comunicação oral e escrita;
- gosta de trabalhar com os clientes mais valiosos de uma empresa e de trazer novos clientes para o negócio;
- gosta de desenvolver habilidades de liderança em membros mais jovens da equipe;
- gosta de se comunicar com a mídia.

Molly veio até mim com um "cargo ideal" que desejava e me pediu ajuda para se preparar para as entrevistas. O título do cargo era de gerente associada, o que nessa empresa era equivalente ao de CEO ou gerente geral. Então, eu lhe pedi: "Fale-me sobre o cargo e as responsabilidades específicas dele." Molly não tinha certeza sobre as especificações. O título de gerente associada foi o que atraiu sua atenção. Durante nossa conversa, ela tomou a decisão de falar com a pessoa que naquele momento ocupava o cargo e descobriu quais seriam as responsabilidades e, mais importante, quanto tempo dedicaria a cada uma delas.

Molly voltou com uma lista e a comparou a suas declarações "Eu quero" profissionais. Foi um momento revelador. Molly descobriu que o cargo era extremamente analítico. Tinha mais a ver com direcionamento estratégico do que com lidar com pessoas. Não envolvia nenhum tipo de escrita criativa e nenhum contato com clientes, a menos que houvesse algum problema. Ela teria pouca interação com o desenvolvimento de outras pessoas. Somente 5 a 10% do tempo seria gasto realizando as atividades que de fato fariam uso de seus pontos fortes, paixões e valores. Ela reconheceu que de fato aquele não era seu "emprego ideal".

A probabilidade de ser capaz de encontrar um cargo que esteja alinhado com seus "Eu quero" é significativamente maior se você estiver certo de seus interesses, paixões, pontos fortes e valores; se reunir as habilidades necessárias para permanecer relevante e conectado; e se identificar com clareza o que quer profissionalmente.

## A atitude mental Carros Vermelhos é igualmente importante nas interações diárias

O sucesso na vida profissional tem muito a ver com os pensamentos e comportamentos nos encontros e interações do dia a dia. Muito frequentemente, isso é negligenciado. Seus "Eu quero" profissionais deveriam guiá-lo como uma bússola ou um GPS, apoiados por ações intencionais diárias com todas as personalidades e situações que encontrar.

Em uma viagem de avião, estava sentada próxima a um líder que tinha visto o filme *Veja carros vermelhos* em um evento empresarial no qual eu dera uma palestra. Ele reconhecia a importância de concentrar-se no que se quer, e nos objetivos e metas da empresa, mas sentia que seus pensamentos não estavam claros para os outros e eram irrelevantes para seu sucesso em termos mais amplos.

Compartilhei esta história com ele: uma vez recebi um telefonema de uma cliente extremamente frustrada. Ela era colíder de um projeto, e seu parceiro a estava levando à loucura. Após ouvi-la explicar a dinâmica do projeto e de seu relacionamento, ficou claro que ela era o tipo de mulher que gostava que o trabalho fosse feito, enquanto seu colega era o tipo de pessoa que gostava de fazer o trabalho do jeito certo. Ficou também evidente que ela não gostara de nenhuma das contribuições dele para o projeto. Nada! Eu lhe perguntei: "Como ele vê o projeto e seus sentimentos com relação a ele?" Ao que ela respondeu: "Ele não tem a menor ideia." Na realidade, estou certa de que ele tinha de fato uma ideia muito clara dos sentimentos dela, e que não gostava do processo tanto quanto ela.

A menos que você seja um ator vencedor do prêmio Emmy, é provável que seus pensamentos também sejam óbvios para os outros. Estando atento a isso ou não, as pessoas têm uma boa percepção do que você está pensando, e isso afeta os encontros, as interações e os relacionamentos. Estar ciente do que quer nesses ambientes, sobretudo com aquelas pessoas com quem você acha que será mais desafiador trabalhar, gera resultados mais produtivos quase imediatamente.

## Mantenha os desejos individuais e os da equipe em mente

A velocidade de mudança em nosso mundo está acelerando, e as mudanças rápidas são acompanhadas de maior volatilidade. Conhecer seus pontos fortes, paixões e valores é fundamental. Compará-los com as habilidades, tendências e competências exigidas pelo mercado é obrigação absoluta.

Os alunos que ingressam na faculdade hoje se formarão para um mundo que terá oportunidades de trabalho que não existem atualmente. A qualquer momento, alguma inovação poderá quase eliminar a necessidade de seu produto, empresa, projeto ou profissão. Para as pessoas, as equipes e as empresas atentas há um enorme potencial para novas oportunidades. Há sinais de inovação ao nosso redor, e, se nos sincronizarmos com essas tendências e mudanças, poderemos reunir as habilidades necessárias para criar novas oportunidades à medida que elas vão surgindo. Ser objetivo com relação ao que se quer na vida profissional nos colocará em uma posição melhor para tirar vantagem dessas oportunidades.

Já mencionei que o conjunto de exercícios Carros Vermelhos neste capítulo também pode ser completado por sua equipe de trabalho para ganhar objetividade sobre o que "Nós queremos" como equipe. Sua equipe de trabalho pode tanto fazer os exercícios proativamente para estabelecer um ambiente de interações funcionais positivas quanto pausar e completar os exercícios para ajudar a redirecionar os membros da equipe se eles saírem do caminho. O último cenário pode ser muito desafiador, mas, no final das contas, sempre vale a pena.

Certa vez, trabalhei com uma empresa que colocava um alto valor nas interações com clientes (isto é, "O cliente sempre é o mais importante"). *A priori*, isso soa como uma atitude louvável. Na prática, esse foco dava a cada funcionário uma desculpa perfeita para se atrasar para as reuniões. Ao chegarem tarde, uma rápida desculpa de que o atraso fora causado pela necessidade de um cliente aliviava a pressão naquela pessoa, naquele momento. Essa atenção focada no cliente, embora excelente para os clientes, levava a grandes frustrações. A norma para reuniões era começar com um atraso de dez minutos. O comportamento normal era começar uma reunião e explicar as coisas mais uma vez sempre que um retardatário chegava. Essa falta de respeito pelo horário das reuniões migrou para o cumprimento dos prazos dos projetos, e as datas previstas para sua conclusão viraram motivo de piada. As dinâmicas de equipe ficaram abaladas, e os membros de equipes se sentiam menos importantes do que os clientes. Era um problema que escapara ao controle. As conversas informais focavam na frustração na falta de produtividade e na crença de que a maioria das desculpas sobre as "necessidades dos clientes" eram infundadas. Algo precisava mudar.

O problema era tão dominante que a alta administração tomou uma atitude drástica. A empresa desenvolveu uma declaração "Nós queremos" com relação às reuniões que se tornou uma de suas cinco prioridades estratégicas para o ano seguinte: "Nós queremos respeitar os prazos para os clientes, assim como para cada uma das outras prioridades (reuniões, projetos, objetivos)." Foi uma mudança cultural significativa, e exigiu um grande esforço intencional de todos para lembrar a cada um quando as ações se desviavam do caminho certo. No final, a mudança de comportamento criou melhorias surpreendentes em todos os aspectos da administração da empresa e da realização bem-sucedida dos projetos.

As equipes de trabalho podem evitar essa deterioração do respeito pelos colegas de trabalho ao criarem proativamente declarações "Nós queremos" para orientar os relacionamentos em grupos. Há um enorme valor quando as equipes de trabalho definem com clareza aquilo que "Nós queremos" para nossos projetos e dentro de nossas organizações. As equipes que o fazem alcançam resultados extraordinários. Portanto, use esses exercícios para esclarecer seus desejos pessoais e os da equipe, e em seguida trabalhe com sua equipe de trabalho para definir o que "Nós queremos". Você começará a perceber uma cultura de trabalho mais positiva e uma melhora excepcional em sua carreira.

Você pode estar se sentindo um pouco sobrecarregado neste momento. Você trabalhou muito. Parabéns. O próximo passo é criar seu Plano de ação, então faça outra pausa. Quando estiver descansado e reabastecido, retomaremos nossa jornada.

## CAPÍTULO 7

# Transforme ações em resultados

Você trabalhou muito até agora para chegar a uma visão cristalina de seus "Eu quero" pessoais e profissionais e escrevê-las. Agora é o momento de elaborar um plano de ação. Aqueles que adoram planejamentos e listas de coisas para fazer estão dizendo: "Legal! Vamos começar!" Porém, e aqueles que *odeiam* listas de tarefas e preferem operar no modo da prioridade mais importante do momento? Este capítulo satisfaz a ambos os extremos do espectro.

No Capítulo 1, apresentamos comprovações científicas de como o cérebro funciona e como podemos reprogramá-lo para nos concentrarmos no que queremos. Neste capítulo, discutimos uma segunda fase de ciência cerebral cuja compreensão é igualmente importante: alcançar o sucesso na mudança de hábitos profundamente arraigados e conquistar nossos "Eu quero" exige tempo, esforço, disciplina e planejamento físico, acompanhamento e verificação do cumprimento das ações diárias, semanais e mensais. Como já mencionei, na Roda profissional *Veja carros vermelhos*, as quatro categorias de "Trabalho com" do lado direito têm a ver com os relacionamentos na sua vida profissional. Ao agir em seus "Eu quero" nessas categorias, você pode começar a ver os resultados rapidamente. As demais categorias da roda representam comportamentos profundamente arraigados. A noção de que é possível mudar esses comportamentos em 21 a 30 dias é irreal. Do meu ponto de vista, normalmente leva de seis meses a um ano ou mais.

Uma vez que compreendamos *como* o cérebro capta novas informações e *por que* isso requer repetição, visualização e ações em dias, semanas e meses, podemos passar a:

1. *Pensar*: controlar nossos pensamentos.
2. *Ver*: visualizar resultados positivos
3. *Fazer*: realizar ações deliberadas mensal, semanal e diariamente.

Discutiremos também neste capítulo a importância de avaliar seu progresso e fazer os ajustes necessários ao longo do caminho, como a avaliação oriunda de pessoas certas ajuda muito seus esforços e como auxiliar os outros a alcançarem o que querem promove o progresso para alcançar os próprios objetivos.

## Controle seus pensamentos

No Capítulo 1, apresentamos o conceito de neuroplasticidade — a capacidade natural do cérebro de formar novas conexões. Nosso cérebro usa o mundo exterior para se modelar e se remodelar à medida que novas informações vão sendo introduzidas. Superamos hábitos ruins ao acrescentar novas abordagens intencionais, como, por exemplo, nos concentrar no que queremos e alinhar nossos pensamentos, ações e comportamentos para obter os resultados desejados. É como criar um novo caminho neural, ou estradas e, em seguida, decidir agir sobre as mudanças desejadas. Nosso cérebro se reestrutura para facilitar o processo.

A formação de novos caminhos cerebrais é apenas parte do benefício da atitude mental *Veja carros vermelhos*. Comportamentos repetidos e intencionais proporcionam benefícios psicológicos significativos. Um artigo de Nick Tasler na *Business Week* cita experiências realizadas pelos psicólogos Shelly Taylor na UCLA e Peter Gollwitz na New York University. Eles descobriram que, quando as pessoas pensam em implementar uma decisão que já tomaram (como seus "Eu quero" pessoais e profissionais), essa atitude as deixa com um humor muito melhor. Como você deve se lembrar do Capítulo 1, criar novos caminhos no cérebro estimula o sistema nervoso central a produzir reações químicas e a liberar serotonina, o que conduz à criatividade, à inovação e à concentração. Segundo Taylor e Gollwitz, uma atitude mental de resultados positivos eleva significativamente nossa autoestima e nos faz sentir mais no controle do mundo ao nosso redor. Os pesquisadores chamam isso de "atitude mental de implementação", quando mudamos mentalmente as marchas para a implementação.

Compreender a forma como o cérebro trabalha é o primeiro passo para, de forma eficiente, transformar ação em resultados. Uma vez que tenha esse conhecimento fundamental, você pode passar a criar um Plano de ação, monitorar seu progresso e *perseverar*. Você deve *se ater a isso* até que se torne uma segunda natureza. Usar o Plano de ação (Ferramenta 12) e, deliberadamente, decidir sobre as ações e monitorá-las mensal, semanal e diariamente conduzirá à realização de seus "Eu quero". Desprezar esse modo de ação é o fator que pode descarrilar por completo seus esforços e impedir o sucesso.

## Visualize resultados positivos

Outras pesquisas validam o poder da visualização e o tempo necessário para alcançar a mudança sustentável. Em *O cérebro que se transforma*, Norman Doidge cita pesquisas cerebrais recentes realizadas por Alvaro Pascual-Leone, pioneiro nesse campo de pesquisa. Enquanto era um jovem pesquisador médico no National Institute of Neurological Disorders and Stroke, ele usava a estimulação magnética transcraniana repetitiva (EMTr) para conduzir experiências que demonstravam como as pessoas aprendem habilidades e criam mudanças duradouras. Em um estudo, ele analisou o poder da visualização. Ensinou a dois grupos de pessoas que nunca tinham estudado piano uma sequência de notas, mostrando quais dedos usar e deixando-as ouvir as notas à medida que iam tocando. Os membros de um grupo — o da "prática mental" — sentaram-se em frente a um teclado eletrônico, duas horas por dia, por cinco dias, e se imaginaram tocando a sequência enquanto ouviam as notas serem tocadas. O segundo grupo — o da "prática física" — tocou de fato a música duas horas por dia durante cinco dias. O cérebro dos membros de ambos os grupos foi mapeado antes do experimento, todos os dias durante o experimento e após o mesmo. Em seguida, foi pedido aos dois grupos que tocassem a sequência, e um computador mediu a precisão de suas apresentações. Pascual-Leone descobriu que ambos os grupos tinham aprendido a tocar a sequência, e ambos apresentaram mudanças semelhantes em seus mapas cerebrais. O interessante é que a prática mental em si produziu as mesmas mudanças físicas no sistema motor, como se as notas de fato tivessem sido tocadas. Ao final do quinto dia, as mudanças nos sinais motores para os músculos foram as mesmas nos dois grupos, e os músicos imaginários foram tão precisos quanto os músicos reais em seu terceiro dia. Quando o grupo da "prática mental" concluiu seu treinamento mental e teve uma única sessão de prática física de duas horas, seu desempenho geral melhorou a ponto de se equiparar ao nível do grupo de prática física. O estudo provou que a prática mental antes da prática física é uma forma eficiente de se preparar para a aprendizagem de uma habilidade.

A prática de visualização é simples, e eu aconselho meus clientes a fazê-la regularmente ao se prepararem para situações de maior ou menor porte. Eis como: feche os olhos e imagine-se envolvido com o que deseja e tendo sucesso nesse envolvimento. Não importa qual seja a situação. Você pode estar se preparando para ser um palestrante eficiente, um pai influente ou um gerente de projetos hábil. O que importa é que você pode ver com muita clareza os resultados que deseja.

Em outro estudo, Pascual-Leone mapeou o cérebro de pessoas cegas aprendendo a ler em braile. Os indivíduos estudaram braile durante duas horas por dia em sala de aula e uma hora por dia em casa, cinco dias por semana, por um ano. Esses estudos estiveram entre os primeiros a confirmar que, quando os seres humanos aprendem uma nova habilidade, ocorre uma mudança neuroplástica. No entanto, uma de suas descobertas mais surpreendentes, com grandes implicações para a aprendizagem e a mudança, envolveu a forma como as mudanças ocorrem ao longo do tempo.

Os indivíduos foram mapeados com EMTr às sextas-feiras, ao final do treinamento daquela semana, e às segundas-feiras, após terem descansado no fim de semana. Pascual-Leone descobriu que as mudanças eram diferentes às sextas-feiras e às segundas-feiras. A partir do início do estudo, os mapas cerebrais das sextas-feiras mostraram expansão rápida e surpreendente, mas, às segundas-feiras, esses mapas voltavam ao tamanho original. Os mapas de sexta-feira continuaram a crescer por cinco meses, retornando à base de forma resistente a cada segunda-feira. Os mapas de segunda-feira, contudo, mostraram um padrão oposto. Eles não começaram a mudar até a conclusão de seis meses de treinamento. Nesse ponto, eles aumentaram vagarosamente e então atingiram um patamar de estabilidade aos dez meses. Embora as mudanças às segundas-feiras nunca fossem tão expressivas quanto os mapas das sextas-feiras, eram mais estáveis ao longo do tempo. Ao final dos dez meses, os alunos tiraram dois meses de folga. Ao retornarem, foram mais uma vez mapeados, e seus mapas cerebrais se mostravam inalterados em relação ao mapeamento da última segunda-feira, dois meses antes. Desse modo, o treinamento diário gerou mudanças de curto prazo surpreendentes durante a semana, porém, mudanças mais duradouras foram verificadas nas segundas-feiras ao longo do tempo. Pascual-Leone acredita que os resultados diferentes das segundas-feiras e das sextas-feiras sugerem mecanismos plásticos diferentes. As rápidas mudanças das sextas-feiras fortalecem as conexões neuronais existentes e desmascaram caminhos enterrados. As mudanças mais sutis e duradouras das segundas-feiras (também conhecidas como "o efeito segunda-feira") sugerem a formação de estruturas novas em folha, provavelmente surgindo de novas conexões e sinapses neuronais.

"O efeito segunda-feira" ratifica nossa crença de que o sucesso na adoção da atitude mental *Veja carros vermelhos* para alcançar os resultados desejados exige tempo, esforço e disciplina. Lutar por nossos "Eu quero" exige ações intencionais e repetitivas para criar e sustentar a mudança. Se você sinceramente deseja trabalhar para atingir seus objetivos, use o Plano de ação de 52 semanas (Ferramenta 12) para registrar suas medidas de ação específicas e a conclusão delas. Os que resistem a usar sistemas de planejamento devem observar o seguinte: você precisa *querer* mudar e precisa *intencionalmente* registrar seu progresso. Isso exige disciplina e esforço, mas vale *muito* a pena.

### Faça!

A ferramenta final Carros Vermelhos, o Plano de ação de 52 semanas (Ferramenta 12), é um arquivo separado em PDF para ser baixado no endereço www.vejacarrosvermelhos.com. Faça isso agora.

## *Conjunto de Ferramentas* **CARROS VERMELHOS**
## PLANO DE AÇÃO

PRIORIDADES PESSOAIS:

PRIORIDADES PROFISSIONAIS:

AÇÕES:

*Ferramenta 12* Plano de ação *Veja carros vermelhos* de 52 semanas

Seu Plano de ação de 52 semanas (Ferramenta 12) fará a ponte entre a intenção e a ação. Sempre que você age sobre o que quer que aconteça, novos caminhos começam a se desenvolver em seu cérebro. Porém, você precisa estabelecer medidas de ação claras para continuar progredindo. Pode ser útil referir-se ao exemplo de Lily no Capítulo 6 quando for começar a elaborar seu plano. Programe um tempo na semana, talvez todas as sextas-feiras, para atualizar seu plano para a semana seguinte. Inclua ações que pretende completar relativas a cada um de seus "Eu quero" Essenciais principais. Para iniciar seu primeiro plano semanal, consulte ESSENCIAIS em sua Planilha de ponte pessoal (Ferramenta 6) e em sua Planilha de ponte profissional (Ferramenta 11) e registre as medidas de ação no seu Plano de ação (Ferramenta 12). Juntamente com essa ferramenta semanal, registre ações diárias e metas mensais em seu sistema de planejamento diário ou em seu calendário eletrônico, tal como o existente no Microsoft Outlook. Tomando como exemplo minha meta de leitura, registre "Ler vinte páginas por dia" em sua lista de afazeres diários, "Ler três a cinco capítulos por semana" em seu Plano de ação e "Ler um ou dois livros por mês" como uma meta mensal em seu sistema de calendário. Acrescente declarações como essas para cada uma de suas principais categorias "Eu quero" pessoais e profissionais. Monitore sua lista e marque cada medida de ação quando a realizar. Se consultar regularmente seu plano o ajuda, você pode imprimir os Cartões de ação *Veja carros vermelhos* (www.vejacarrosvermelhos.com) em cartolina, cortá-los e escrever suas próximas medidas de ação para levar com você na carteira ou na bolsa. Em seguida, à medida que for completando as ações e realizando um "Eu quero", escolha outro "Eu quero" de sua Planilha de ponte e continue a monitorar!

Há um excelente valor psíquico em revisar suas ações regularmente e fazer um levantamento de seus progressos. Praticar essa disciplina possibilita que você verifique quanto tempo leva para realizar um objetivo ESSENCIAL e a identificar aquelas ações que criam o maior valor. O Plano de ação lhe dá a tração de que necessita para realizar o que quer — um desejo de cada vez!

Algumas das ações que você registrar podem ser objetivos difíceis, portanto, lembre-se de ir devagar. Registre ações passo a passo e tenha disciplina para fazer pelo menos uma tarefa desafiadora por dia. Dividir suas prioridades principais em passos menores facilita muito para distinguir quais envolverão a orientação de terceiros, o treinamento, o aconselhamento, bem como outros recursos. Quando você se concentra em seus esforços dessa forma e age nas áreas mais impactantes, realiza mudanças significativas, e a melhora é óbvia — não somente para você, mas para os outros. Você ficará motivado a continuar.

## Planejar orienta sua bússola interna

O controle dos pensamentos e o uso da visualização são ferramentas poderosas, e o Plano de ação o ajuda a planejar antecipadamente e a acompanhar suas ações. No entanto, a realidade da vida pode frequentemente atrapalhar nossas intenções. É mais fácil gastar nosso tempo fazendo o que é urgente, porém pouco importante, se não definirmos claramente o que queremos. Embora seja verdade que as emergências ocorrem, se estivermos incertos sobre o que estamos tentando criar, as emergências costumam se tornar mais constantes e atrapalham mais.

Conhecer e fazer o que é importante, em vez de reagir ao que é urgente, é fundamental para seu sucesso completo. Em *Primeiro o mais importante*, Stephen Covey afirma que há uma distinção clara entre as decisões guiadas pela bússola interna do que você quer a longo prazo, tanto pessoal quanto profissionalmente, e as decisões guiadas pelo relógio do planejamento. Programar antecipadamente sua bússola interna o coloca no caminho para realizar ações intencionais muito mais difíceis de descarrilar quando "emergências" urgentes, porém não realmente importantes, tentarem intervir.

Certa vez, trabalhei com um líder de uma indústria que era um exemplo vivo de urgência, mas não de importância. Paul se sentia constantemente atraído pelos dramas da vida. Conversamos sobre como identificar para onde ele queria ir e sobre as decisões mensais, semanais e diárias com relação a elas. Paul resistia ao processo porque sempre tinha "uma emergência". Eu o provocava dizendo que sua verdadeira vocação era ser bombeiro, pois estava sempre apagando incêndios. Paul ainda não tinha tomado a decisão de delinear seu rumo e de se comprometer a cumpri-lo à risca, a menos que houvesse uma razão *legítima* para que algo interviesse. Ser claro sobre o que se quer e agir de forma consistente com relação a isso mensal, semanal e diariamente com toda certeza manterá você no assento do motorista, ditando suas ações e gerando mais resultados que deseja.

Uma advertência final com relação ao planejamento que pode estimular você a atingir seus objetivos:

- Nunca termine um dia sem identificar o que quer realizar no dia seguinte.
- Nunca termine um mês sem definir com clareza o que quer fazer no mês seguinte.
- Nunca termine uma semana sem definir com clareza o que espera realizar na semana seguinte.
- Nunca planeje uma reunião ou uma conversa sem definir e visualizar com clareza o que quer.

Nas situações de grande e pequeno porte, tudo é uma questão de intenção e ações. É necessário ter disciplina, mas funciona mesmo.

## Avalie seu progresso e peça feedback — com frequência!

À medida que você continuar a agir, é importante avaliar a eficácia de suas ações e ter parceiros com quem conversar sobre seu progresso. Pedir feedback é talvez a ferramenta de maior eficácia para ajudá-lo a seguir em frente no caminho rumo ao que deseja. Muitas pessoas lutam contra isso ou não estão certas de como pedir feedback. Por isso tenho algumas dicas. Comece com "Eu quero me aprimorar" ou "Eu quero melhorar". Então diga: "O que eu poderia fazer menos, mais ou de forma diferente para melhorar meu desempenho?" Se o que está fazendo está predominantemente certo, essas perguntas podem ser difíceis de responder. Fazer perguntas dessa forma estimula a pessoa a lhe dar pelo menos uma resposta tangível, em vez de um simples reconhecimento gracioso por algum trabalho bem-feito. A maioria das pessoas conseguirá fornecer pelo menos uma resposta.

Agora que conhece essa pergunta, torne-a seu mantra! Pedir feedback de uma variedade de fontes confiáveis regularmente é uma forma poderosa de fazê-lo avançar em seu caminho rumo ao que deseja, pessoal e profissionalmente. Se as pessoas se mostrarem relutantes, peça-lhes uma coisa e sorria. Lembre-se de sorrir. Quando você coloca a pergunta de forma aberta, as pessoas frequentemente lhe darão algo de volta. O feedback que receber manterá seu crescimento constante e o ajudará a construir seus pontos fortes. Além disso, as pessoas que pedem feedback são seguras, portanto, vá em frente e comporte-se de forma confiante.

Às vezes, quando conselheiros confiáveis não estão disponíveis, você pode se fazer estas perguntas: Que lições aprendi? O que funcionou? O que não funcionou? É importante fazer apenas algumas mudanças de cada vez. Tentar fazer muitas mudanças de uma vez dificulta distinguir quais táticas estão funcionando e quais não.

Mais uma vez, seus incentivadores podem ser muito úteis. Determinar quais esforços estão produzindo os resultados mais importantes para você, para a sua equipe e para a sua empresa pode não ser imediatamente óbvio. Seus conselheiros confiáveis podem ajudá-lo frequentemente a identificar a distinção entre o que é impactante e o que é mera ocupação. Certifique-se de que está buscando a opinião de pessoas que têm o insight certo para ajudá-lo. Muitas delas cometem esse erro seguidas vezes — recorrendo a membros da família, colegas e superiores que não têm o insight certo, as credenciais, a experiência ou o sucesso pessoal correto para conceder opinião valiosa. Ao contrário, procure constantemente pessoas bem-sucedidas e respeitadas pelo trabalho que fazem. É a elas que deve pedir conselhos e opiniões.

## Acelere seu progresso — ajude os outros a conseguirem o que desejam

Agora que você está solicitando feedbacks, o que pode fazer para acelerar seu progresso? Isso pode parecer absurdo, mas a melhor forma de conseguir chegar aonde quer é ajudando os outros a realizarem o que querem. Você chegará lá mais rápido. Por que isso acontece? A incrível história da transformação de um distrito escolar de baixo desempenho na cidade de Manassas Park, na Virgínia, ilustra esse fenômeno.

Manassas Park é um pequeno distrito escolar público na Virgínia que luta há anos com problemas que vão desde recursos insuficientes a instalações deploráveis. A administração incompetente e a rotatividade de empregados eram comuns. Porém, os problemas distritais começaram a diminuir em 1995, quando o Manassas Park School Board contratou um novo superintendente, Tom DeBolt.

O livro *The Little School System That Could* [O pequeno sistema educacional que fez a diferença] descreve o Dr. DeBolt como "um visionário e otimista declarado". Entre 1995 e 2005, ele conduziu a transformação do distrito em um sistema escolar municipal pequeno e exemplar, com escolas totalmente credenciadas, equipes esportivas campeãs, programas extracurriculares aclamados e instalações escolares ganhadoras de prêmios. DeBolt reconheceu no início que não conseguiria realizar mudanças significativas sozinho. Ele vivia e respirava a filosofia *Veja carros vermelhos*, orientando e incentivando os membros de sua equipe diariamente a se concentrarem no que queriam para eles mesmos, para sua equipe, sua escola e o distrito. Em 2000, ele começou a conduzir retiros anuais para sua equipe de liderança, treinando sua equipe no desenvolvimento de suas declarações "Eu quero" individuais, de equipe e organizacionais. Esses objetivos serviram como princípios norteadores que eles consultavam com frequência durante o ano.

DeBolt iniciou com uma visão e fez cada vez mais pessoas definirem seus "Eu quero" pessoais e profissionais. Começando com as pessoas e se espalhando para as equipes e para a empresa, as pessoas transformaram ações em resultados. Foi necessário muito tempo, levando em conta as barreiras e as oposições significativas que enfrentavam, mas DeBolt e seus funcionários se ativeram ao plano com determinação. Eles desenvolveram um padrão de comportamento que se tornou sustentável ao conseguirem fazer um grande grupo de pessoas se dirigirem rumo ao que desejavam. Isso deveria ser o objetivo prioritário de *qualquer* líder empresarial — construir uma cultura bem-sucedida e sustentável, fique você nela ou não.

As consequências da atitude mental dos resultados positivos, das ações e da persistência de DeBolt foram incríveis. Ele herdou um amontoado de escolas desorganizadas, um orçamento que não acompanhava o ritmo de crescimento das matrículas ou da inflação e um histórico de problemas acadêmicos e administrativos. Uma década depois, todas as escolas de Manassas Park obtiveram credenciamento estadual segundo os dispositivos do rígido programa de responsabilização educacional da Virgínia. O sistema escolar ganhou prêmios arquitetônicos por seus projetos escolares inovadores; as equipes esportivas de Manassas Park colecionaram títulos dos campeonatos da liga e até mesmo estaduais; e os salários dos professores e administradores escolares aumentaram, de modo a serem mais competitivos com os vizinhos muito mais ricos de Manassas Park.

DeBolt não poderia ter alcançado esse sucesso sozinho. Como um líder modelo, ele defendeu a causa, manteve uma atitude positiva e o foco nos objetivos e influenciou a todos ao seu redor para se mostrarem à altura da ocasião. Ao ajudar os outros a se concentrarem no que queriam, ele conseguiu o que desejava.

Se as escolas da cidade de Manassas Park, Virgínia, podem fazer essa guinada de direção, qualquer empresa pode. No fundo, é simples. Apenas *Veja carros vermelhos!*

**CAPÍTULO 8**

# Dirija Carros Vermelhos para a massa crítica

Abro este capítulo com uma declaração ousada: *é possível que uma empresa com funcionários que estão utilizando as ferramentas Carros Vermelhos atinja a massa crítica* — a existência de um impulso tal, que o *foco intencional nos desejos* se torne uma cultura autossuficiente e estimule ainda mais crescimento. E onde culturas concentradas no positivo como essas são alcançadas, a nova realidade de dirigir com intenção e faróis altos se torna *igualmente eficiente* ao antigo estado de espírito de dirigir com o piloto automático ligado e fazer apenas o seu próprio trabalho. A nova realidade não retorna facilmente para a existência passiva e subconsciente baseada no que não se quer e se está tentando evitar.

Até este ponto da jornada *Veja carros vermelhos*, construímos um insight da concentração inconsciente no que não queremos ou estamos tentando evitar e discutimos o que é necessário para reverter esse modo de pensar e nos concentrarmos intencionalmente no que *de fato* queremos. É hora de demonstrar como essa transformação pode ocorrer. Eu quero que pense no que isso poderia significar para você, como indivíduo, se fosse um membro de uma empresa na qual a maioria dos funcionários estivesse ativamente envolvida na disciplina de focar nas ações para alcançar os resultados desejados. Se estivesse cercado de colegas que praticam esses comportamentos, o quanto essas forças seriam poderosas para você no dia a dia? Imagino que seria muito mais fácil para você manter uma atitude mental de resultados positivos Carros Vermelhos e não voltar a cair nos sulcos de pensamento negativo.

Neste capítulo final, as histórias da transformação de uma grande divisão de uma empresa biomédica moderna — chamaremos aqui de REDTECH — sob a direção de seu líder dinâmico, Robert, ilustrará como essa transformação pode ser alcançada. Para a REDTECH, foram necessários cerca de três anos — três longos e desafiadores anos. Algumas das histórias dessa empresa já foram apresentadas em capítulos anteriores.

- Carla, no Capítulo 1, aquele tipo em cima do muro que ficou insegura e se sentiu um pouco incomodada a princípio ao ser solicitada a refletir de forma ponderada sobre seus pontos fortes, paixões e valores. Trabalhando na linha de montagem naquela época, ela percebeu por meio do processo que, na verdade, adorava finanças e números e que queria mudar para o departamento de contabilidade. Ao começar aos poucos a falar sobre a ideia com seus colegas e gerente, eles a encorajaram e lhe deram a confiança para se concentrar em seus verdadeiros interesses e valores. Ela voltou para a universidade, conseguiu seu diploma de contadora e prosperou.
- Maria, no Capítulo 4, a brilhante cientista que construiu uma carreira impressionante, a qual a levou a um cargo de liderança. Ela estava determinada a ter sucesso, mas estava muito concentrada nas tarefas e tinha uma tendência a fazer tudo sozinha. As habilidades necessárias para exer-

cer a liderança eram novas para ela, que tinha dificuldade para delegar e se conectar com sua equipe. O progresso paralisara em seu departamento. Maria teve de aprender passo a passo e treinar repetidamente como identificar os pontos fortes de seus funcionários; alavancar esses pontos fortes para alcançar os objetivos da equipe; e interagir com seus funcionários em todos os tipos de situação. Esses eram comportamentos novos para ela. Maria estava disposta a buscar a orientação e a assistência necessárias para desenvolver competências em seu papel de liderança. Hoje, Maria superou suas potenciais fraquezas impeditivas e tem uma equipe leal e trabalhadora para mostrar como resultado de seus esforços.

- George, no Capítulo 1, era o clássico detrator. Ele reclamava do ridículo de achar que concentrar-se nos resultados pudesse realmente ter um impacto sobre o trabalho e pensava que estar ciente dos desafios e das dificuldades era muito mais importante.

Lembre-se: não nos concentramos em George no começo. Não o deixamos de fora, mas não nos concentramos nele. Em vez disso, nos concentramos nos 20%, os embaixadores que entusiasticamente concordaram com a filosofia *Veja carros vermelhos*, e os 50%, os em cima do muro que reconheceram o valor do foco no que se quer, mas estavam cautelosos e despreparados para se envolverem.

Ao longo de três anos, o processo de pensamento *Veja carros vermelhos* na REDTECH passou de inconsciente e desconfortável no início, como são frequentemente as novidades, a muito leves e confortáveis. As pessoas se dirigiam não apenas para suas declarações "Eu quero" pessoais e profissionais, mas também para as declarações, as visões e os valores da organização. A REDTECH finalmente atingiu a massa crítica no dia em que George, que fora rebelde por tanto tempo, liderou uma visita pelas instalações da fábrica. Seus colegas ficaram impressionados e orgulhosos de ouvi-lo dizer, "a forma como operamos aqui — as coisas que nos motivam, que nos fazem levantar todas as manhãs, que nos fazem esperar por dias melhores — decorre de sermos verdadeiramente guiados por nossa visão. Não é só a visão da empresa, mas cada um de nós tem claramente definido o que quer realizar, e agimos diária, semanal e mensalmente rumo a esses objetivos."

Quando a massa crítica de uma empresa engloba indivíduos que estão alinhados e envolvidos; reforçando suas paixões, interesses, pontos fortes e valores, concentrando-se no que querem, tanto pessoal quanto profissionalmente; e alcançando metas individuais, coletivas e organizacionais, coisas excelentes acontecem. É aí que as empresas começam a ver o impacto de ter um número grande de pessoas analisando minuciosa e ativamente o mercado, focando nas soluções e inovações, tendo a capacidade de se adaptar às mudanças e responder com ações positivas baseadas no que *podem* controlar. As empresas que fizerem questão de que as pessoas utilizem seus pontos fortes sobreviverão.

Reverter a tendência natural nociva de nos concentrarmos no que não queremos e no que estamos tentando evitar exigirá um trabalho sério durante anos. Porém, aquelas empresas dispostas a dedicar tempo e esforço desfrutarão dos resultados de seu trabalho.

## Alcançando a massa crítica com *Veja carros vermelhos*

A transformação impressionante da REDTECH, a qual atingiu a massa crítica com *Veja carros vermelhos*, deve boa parte de seu sucesso ao seu líder visionário. Robert, que atualmente está aposentado, foi vice-presidente executivo de produção e operações na década de 1990. Robert lentamente disseminou nessa empresa a atitude mental da famosa história da catedral. Foi perguntado a três pedreiros que estavam trabalhando arduamente o que eles faziam. O primeiro disse: "Estou raspando este bloco de mármore." O segundo disse: "Estou construindo um muro." O terceiro disse, com um sorriso amplo e um brilho no olhar: "Estou construindo uma catedral."

Mais cedo, em sua história, a REDTECH estava passando por uma crise. Seu produto principal era usado para desobstruir a corrosão em dutos industriais. Embora a tecnologia da empresa fosse extremamente respeitada, o mercado mudara ab-ruptamente, e a demanda pela aplicação industrial de sua tecnologia tinha diminuído drasticamente. Porém, a tecnologia da empresa permanecia sólida, e os funcionários foram estimulados durante muito tempo a analisar minuciosamente o horizonte para novas e diferentes aplicações. Em todos os níveis, as pessoas enxergavam usos potenciais. Uma ideia particularmente promissora surgiu: "E se nossa tecnologia pudesse fazer para o corpo humano o que faz para as aplicações industriais? Ela poderia ser usada para desobstruir artérias de forma rápida e eficiente?" Essa pergunta se tornou a semente de uma transformação radical. A empresa foi capaz de mudar de marcha com mais rapidez do que a maioria. Eles analisaram as possibilidades, começaram a explorar novas possibilidades de desenvolvimento do produto e se expandiram para novos mercados. A pressão era intensa para levantar e correr o mais rápido possível.

A REDTECH estava bem-encaminhada quando a conheci, na década de 1990. Robert supervisionava 14 jovens gerentes cheios de energia no final de seus 20 e início dos 30 anos — todos engenheiros. Por natureza, os engenheiros estão internamente programados para procurar problemas e, depois, resolvê-los. Essa atitude mental constitui uma disposição natural para concentrar-se no que não se quer. Porém, Robert era adepto do poder da visão e do foco no que se *quer*. Ele também acreditava na forma de gerenciar cercado por pessoas e no envolvimento com elas. Ele era um líder incansável que gostava de ajudar os outros a determinarem seus pontos fortes, paixões e valores e, essencialmente, a ajudá-los a encontrar cargos e oportunidades que estivessem alinhadas com a missão, a visão e os valores da empresa.

Sob a orientação de Robert, a REDTECH introduziu novos procedimentos em suas operações. Cada interação que as pessoas tinham — de conversas a reuniões e eventos — começava da mesma forma:

- Esta é a nossa visão.
- Qual é a sua visão pessoal?
- Onde você se encontra neste momento com relação à sua visão pessoal e ao que quer?
- O que você, como indivíduo, e nós, como equipe, precisamos fazer para levar as coisas na direção do que você quer?

Todos os funcionários do departamento, dos zeladores aos executivos, eram vistos como importantes para o êxito do processo estavam envolvidos nele, e expressavam periodicamente como contribuíam para o sucesso decisivo da empresa. Cada um era incentivado a conectar seu trabalho pessoal à visão e aos valores da empresa. No início, se as pessoas diziam o que não queriam, Robert as incentivava a fazer o contrário, ou seja, a esclarecer o que de fato queriam.

Robert reconheceu que a mudança não aconteceria da noite para o dia. Ele andava pelas instalações da fábrica conversando com as pessoas, contando histórias, fazendo perguntas para identificar quais eram seus desejos, e, em seguida, tornando-as responsáveis. E ele nunca esquecia! Robert perguntava: "Quantas conversas você terá na próxima semana?" E, então, ele se lembrava do número e cobrava. Ele nunca se esquecia daquilo com que se comprometera, e nunca se esquecia daquilo com que eles tinham se comprometido. No início, acho que ele provavelmente irritava algumas pessoas, mas era difícil irritar-se com sua energia; e os resultados, impossíveis de serem contestados.

Dois gerentes em particular, Tim e Brad, foram defensores entusiásticos quando Robert apresentou a mudança de direção e começou uma série de cursos de treinamento com duração de 12 semanas para ajudar os funcionários a se tornarem autoguiados, a lidarem com as mudanças e a se comprometerem com a aprendizagem permanente. Cada seção do programa incluía uma amostragem representativa da empresa, com trabalhadores da linha de montagem, do departamento de finanças, do departamento de engenharia e do departamento de assuntos regulatórios. O conceito de alinhar o que as pessoas querem pessoal e profissionalmente e de ajudar a empresa a se concentrar nos resultados desejados, mesmo em um ambiente de mudanças significativas, realmente repercutiu com esses jovens gerentes engenheiros. Eles eram novos no exercício de seus cargos como líderes, mas ambos tinham sofrido os efeitos adversos do foco inconsciente no que não se quer que aconteça. Eles imediatamente se tornaram proponentes da causa e embaixadores (no grupo dos 20%) que ajudaram a divulgar a filosofia para os outros.

Por meio de cada interação e oportunidade, Robert, e em seguida seus gerentes e, por fim, outros funcionários se concentraram em seus desejos e se ajudaram mutuamente a se autocorrigir e a voltar ao foco quando alguém perdia o rumo. Essa nova atitude se tornou parte integrante da cultura da empresa. Resultados positivos começaram a aparecer. As vendas da REDTECH começaram a aumentar, problemas com produtos foram resolvidos e melhorias foram feitas nos processos de produção. O entusiasmo entre os trabalhadores cresceu juntamente com os resultados positivos.

Em uma cultura em que se permite e incentiva que as pessoas reforcem seus pontos fortes, um destes dois cenários surgirá — ambos beneficiando a empresa a longo prazo.

1. As pessoas se envolvem novamente com a empresa quando se reconectam a seus pontos fortes, a suas paixões e a seus valores e percebem o quanto estão bem-alinhados com a visão e os valores da empresa. Elas elucidam o que querem, tanto pessoal quanto profissionalmente, e criam um plano de ação para colocar seus pontos fortes, paixões e valores para funcionar. Elas, mais uma vez, veem o que originalmente as atraiu para aquela empresa. Esse foi o caso de Tim e Brad, os gerentes da REDTECH que se tornaram os defensores mais entusiásticos dessa mudança.

2. As pessoas acabam reconhecendo que não há uma boa adequação com seu empregador atual ou com a situação de trabalho. Esse foi o caso de Carla, que era gerenciada por Brad. Ninguém jamais perguntou a Carla o que ela de fato queria. Assim que alguém o fez, e ela cautelosamente identificou seus verdadeiros interesses, paixões e pontos fortes, a cultura corporativa que Robert criara calorosamente aceitou sua descoberta e a incentivou a perseguir seu verdadeiro desejo. Ela conseguiu seu diploma e mudou da linha de montagem para o departamento de contabilidade. Em alguns ambientes, levantar

essas questões resultaria em problemas imediatos. Uma cultura de resultados positivos reconhece que a constatação de uma desconexão fundamental será uma realidade para alguns indivíduos. Permitir que as pessoas se descubram e ajam de acordo com suas verdadeiras paixões é muito melhor para o funcionário e para a empresa, quer o funcionário permaneça ou decida sair.

Embora o conceito de reforçar os pontos fortes pessoais esteja presente há décadas, as pessoas ainda se debatem com ele. A Gallup estima que meros 20% da força de trabalho realmente fazem uso de seus pontos fortes regularmente. Minha esperança é que *Veja carros vermelhos* proporcione ações factíveis para ajudá-lo a assumir a direção de seu próprio destino. Há um enorme valor em ter pessoas e equipes envolvidas na atitude mental de resultados positivos e em criar alinhamento em suas empresas. A rápida taxa de inovação do mercado apresenta simultaneamente desafios e oportunidades. Nesse ambiente, é muito mais fácil para as pessoas serem críticas e resvalarem para pensamentos e medos do tipo "Eu não quero". Em vez disso, as empresas americanas precisam de pessoas que estejam de acordo com o pensamento *Veja carros vermelhos* e sejam capazes de mudar a direção rapidamente em um ambiente de mudança rápida.

Não surpreende que quando visitamos a REDTECH dez anos mais tarde, muitas das mesmas pessoas ainda estavam lá. Parecia uma semana de festas. Programamos entrevistas em três empresas quando estávamos filmando *Veja carros vermelhos*, e aquela era a terceira que visitávamos. Mesmo meu projeto tendo terminado aproximadamente dez anos antes, os funcionários que entrevistamos eram um contraste absoluto. Nas primeiras duas empresas, quando perguntávamos aos funcionários o que queriam, eles inevitavelmente falavam sobre o que não queriam. Na REDTECH, os funcionários explicitavam seus desafios atuais e depois claramente diziam o que queriam. Ficamos surpresos e impressionados. A cultura *Veja carros vermelhos* ainda estava viva, em boa forma e servindo à empresa todos os dias.

## Alavancando a cultura *Veja carros vermelhos*

O ambiente no qual vivemos está em constante mutação. Algumas empresas lidam bem com as mudanças. Outras cometem erros. Com frequência, ninguém sabe o que fazer. À medida que as mudanças vão ocorrendo e a poeira baixando, as pessoas querem começar a falar sobre o que ocorreu e a desempenhar um papel relevante no movimento rumo a dias melhores. Os funcionários solicitados a fazer coisas que não se adequavam bem a eles — como assumir trabalho extra depois de uma redução no quadro de funcionários ou tirar licença voluntária para aliviar a tensão da folha de pagamento — querem falar sobre isso e ver seus empregadores agindo positivamente. As empresas precisam ser estimuladas na medida certa para terem essas conversas, porque, se não o fizerem, a grama poderá parecer mais verde em outros lugares, e elas poderão perder pessoas valiosas.

As empresas estão disputando os melhores e mais brilhantes talentos enquanto o leque de possíveis contratações está diminuindo. A cada hora, 330 pessoas nascidas entre 1946-1964 estão completando 62 anos, e há 11% menos da geração X (nascidos entre 1965-1984) para preencher suas vagas. São cerca de 36 pessoas a menos a cada hora para preencher as vagas deixadas pelos funcionários aposentados. Somente 32%

das empresas fizeram um planejamento e criaram estratégias para as consequências dessa realidade nos negócios. Enquanto este livro era escrito, a economia estava saindo de uma recessão. Ouvimos muito sobre o encolhimento da força de trabalho no início da década de 2000. A situação econômica ruim forçou as reduções da força de trabalho e levaram os trabalhadores mais velhos a permanecerem em seus empregos por muito mais tempo. A recessão provou ser uma distração, simplesmente postergando o inevitável. Quando a economia se recuperar, haverá escassez de talentos. As pessoas que estão no controle e dirigindo com intenção e faróis altos acesos estarão em melhor posição para reagir positivamente.

Por sua vez, as empresas alinhadas com *Veja carros vermelhos* proativamente e dirigindo com intenção se tornarão ímãs para os melhores e mais brilhantes talentos. Elas vencerão as estatísticas demográficas e não serão afetadas pela escassez de talentos. Essas empresas reconhecem que não são apenas grandes edifícios produzindo ou fornecendo produtos e serviços em grandes quantidades. As empresas são constituídas de *pessoas* que querem fazer um trabalho significativo, fazer a diferença e ser reconhecidas por suas contribuições.

A força de trabalho é flexível, e as demandas do mercado estão sempre mudando. A composição da força de trabalho pode ser diferente dia após dia e semana após semana porque:
- Os funcionários trocam de papéis rapidamente;
- Há cada vez mais trabalhadores terceirizados;
- Os ambientes de trabalho em transformação exigem mudanças nos trabalhadores.

Os executivos talentosos compreendem que as mensagens que comunicam hoje podem ser ouvidas por ouvidos diferentes dos que as ouviram na semana anterior. Por essa razão, eles precisam ficar atentos à sua forma de comunicação. Com frequência, os executivos com quem trabalho subestimam o número de vezes que precisam comunicar a visão e os valores da empresa e contar a história de muitas formas: é isso que defendemos; é assim que cumprimos essa promessa; é para esse destino que estamos nos encaminhando; e é o que é mais importante para nós.

As empresas que comunicam sua cultura, seus valores e sua visão clara e regularmente prosperarão. Atrairão as pessoas certas, no momento certo, e incentivarão seu pessoal a analisar minuciosamente o mercado; a reforçar suas paixões e seus pontos fortes e a definir o que querem, tanto pessoal quanto profissionalmente. O alinhamento da cultura da empresa e a realização dos objetivos da corporação serão o resultado. Quanto maior o alinhamento, maiores a satisfação pessoal, as inovações e as soluções. Quando sua empresa alcançar a massa crítica com a atitude mental *Veja carros vermelhos*, será mais fácil permanecer lá. Menos esforço será exigido para manter as pessoas envolvidas.

As empresas que alavancam sua cultura reabastecem seus estoques com sucesso fazendo com que as pessoas que as estão servindo o façam a qualquer momento com paixão e vigor. As pessoas vão e vêm e por isso a cultura das empresas é fortalecida ainda mais pelas contribuições dos sucessores. As empresas alinhadas a *Veja carros vermelhos* desfrutam dos seguintes benefícios:

- Os funcionários e os consumidores trazem suas experiências culturais únicas, as quais servem para fortalecer a empresa.
- Os funcionários examinam o horizonte e compartilham suas observações para possibilitar que a empresa aproveite novas oportunidades.

- As percepções da cultura da empresa são sempre precisas e fortes, por causa de sua comunicação regular e consistente.
- Os funcionários continuam interessados e envolvidos na visão da empresa, uma vez que ela é compartilhada regularmente por meio de histórias convincentes.
- A empresa continua fortemente integrada quando todos fazem bom uso das ferramentas e das tecnologias.

Por meio dessa consciência aguçada e da comunicação consistente e aberta, as empresas articulam uma identidade cultural clara e atingem uma gestão de talentos de alta qualidade.

## CONCLUSÃO

# Tudo começa com *você*

Para encerrar este livro, precisamos voltar dos níveis coletivo e organizacional para nos concentrarmos no individual. É fácil criticar os vizinhos desordenados ou que criam algum tipo de transtorno. No mercado de trabalho, é igualmente fácil olhar para a gerência das unidades disfuncionais e encontrar falhas. Na realidade, em ambas as situações, você pode tomar providências de onde está. Cada um de nós desempenha um papel importante na construção das culturas corporativas bem-sucedidas ao assumir uma responsabilidade pessoal e ao agir sobre o que *podemos* controlar. É o que devemos fazer se de fato quisermos obter resultados positivos.

Se nos concentrarmos no que podemos controlar em nossas áreas específicas, depois em nossos grupos, em seguida, coletivamente como grupos, imagine a diferença que isso poderá fazer. Uma canção de Jordyn Shellhart, uma talentosa cantora que entrevistei para o *Life to the Max*, exemplifica essa verdade a partir da perspectiva de nossa casa e de nossa vizinhança. O que torna essa história ainda mais surpreendente é o entendimento maduro que ela revela, embora fosse tão jovem. Jordyn tinha apenas 15 anos quando escreveu esta canção.

## Salve a vizinhança

Tive um sonho de que eu poderia tornar o mundo diferente
Não me pergunte por quê
Não sei dizer, é apenas um sentimento
De tanto pensar, acho que pensei grande demais
Porque, se tento simplificar, há muito mais que eu posso dar

Já me decidi
Isso não mudará
Nada de perder mais tempo
Quero dizer exatamente o que estou dizendo
Já tomei decisões no passado, mas elas sempre mudavam
No espelho, posso ver uma revolução surgindo

Você precisa engatinhar antes de andar
Você precisa andar antes de correr
Precisa atravessar as enormes tempestades
Antes que possa desfrutar o sol da manhã
Então estou saindo de casa
E espalhando minha luz que tanto brilha
Porque se você quiser salvar o mundo
Você precisa salvar a vizinhança

Em vez de atirar pedras nos detentores do poder, você tem a capacidade de causar impacto com seu próprio trabalho, sua área de trabalho, seus colegas e seus projetos. Vamos todos assumir a responsabilidade de nos concentrarmos no que podemos controlar e no impacto que podemos ter.

Muito obrigada por dirigir com intenção e por aprender a implementar *Veja carros vermelhos* em sua vida.

Agora saia e faça a diferença no mundo.

Laura Goodrich

*Este livro é dedicado a* joel suzucki *(2/11/1948-8/8/2009), que foi a inspiração para* Veja carros vermelhos.

# "Gatilhos" visuais, auditivos e táteis de *Veja carros vermelhos*

Use uma combinação desses métodos para funcionar como "gatilhos", exercitando sua memória e mantendo o foco no que você quer.

## Gatilhos visuais

- Recados em post-its estrategicamente colocados pela sua casa e pelo seu escritório.
- E-mails automáticos enviados para você mesmo toda semana (por exemplo, uma lista de declarações "Eu quero").
- Cartões *Veja carros vermelhos* em sua carteira, em seu bolso ou em sua bolsa (www.vejacarrosvermelhos.com).
- Visualização de *Veja carros vermelhos* no calendário diariamente.
- Aplicativo de declarações "Eu quero" *Veja carros vermelhos* para telefone celular (ver www.vejacarrosvermelhos.com).
- Aplicativo do vídeo *Veja carros vermelhos* disponível no iTunes (ver www.vejacarrosvermelhos.com).

- Analise o Conjunto de Ferramentas Carros vermelhos semanalmente.
- Protetor de tela *Veja carros vermelhos* (ver www.vejacarrosvermelhos.com).
- Pinte de vermelho uma porta, uma cadeira ou outro objeto que você veja diariamente em sua casa ou em seu escritório.

## Gatilhos auditivos

- Amigos *Veja carros vermelhos* comprometidos com seu sucesso, prontos para lembrá-lo de seu compromisso de concentrar-se no que deseja, nas oportunidades *Veja carros vermelhos*.
- Histórias *Veja carros vermelhos* narradas em áudio disponíveis no iTunes: ouça uma história semanalmente. (ver www.vejacarrosvermelhos.com).
- Ouça músicas com letras que o lembrem do que quer.

## Gatilhos táteis

- Imprima cartões de lembretes do tamanho de um cartão de visita de *Veja carros vermelhos* para escrever suas principais declarações "Eu quero" e leve-os com você (www.vejacarrosvermelhos.com).
- Use roupas ou acessórios vermelhos como lembretes para pensar no que você quer.
- Compre um carro vermelho ;)
- Compre acessórios *Veja carros vermelhos* para criar lembretes visuais e táteis do que você deseja (ver www.vejacarrosvermelhos.com).

# RESUMO DO CONJUNTO DE FERRAMENTAS CARROS VERMELHOS

### Ferramenta 1

| PAIXÕES E INTERESSES | PONTOS FORTES |
|---|---|
|  |  |
|  |  |
|  |  |
|  |  |
|  |  |

### Ferramenta 2
(igual à Ferramenta 7)

| PAIXÕES E INTERESSES | PONTOS FORTES |
|---|---|
|  |  |
|  |  |
|  |  |
|  |  |
|  |  |

VALORES

### Ferramenta 3

**LISTA DE REALIZAÇÕES**
para criar um eu equilibrado

O que eu quero ...

☐
☐
☐
☐
☐
☐
☐
☐
☐
☐
☐
☐

### Ferramenta 4

**RODA BEM-EQUILIBRADA**

(Categorias: ACRESCENTAR CATEGORIA, Carreira, Dinheiro (renda), Dinheiro (investimentos), Saúde e forma física, Família e amigos, Romance (parceria), Educação e crescimento pessoal, Viagens, diversão e lazer, Ambiente doméstico e físico, Espiritualidade e fé, Trabalho voluntário)

### Ferramenta 5

**DECLARAÇÕES BEM-EQUILIBRADAS**

ACRESCENTE CATEGORIA

ACRESCENTE CATEGORIA

ACRESCENTE CATEGORIA

### Ferramenta 6

**PONTE PARA UM VOCÊ BEM-EQUILIBRADO**

| Onde estou/estamos: | O que quero/queremos: |
|---|---|
|  |  |

| Essenciais: | Importante, mas não necessário: |
|---|---|
|  |  |

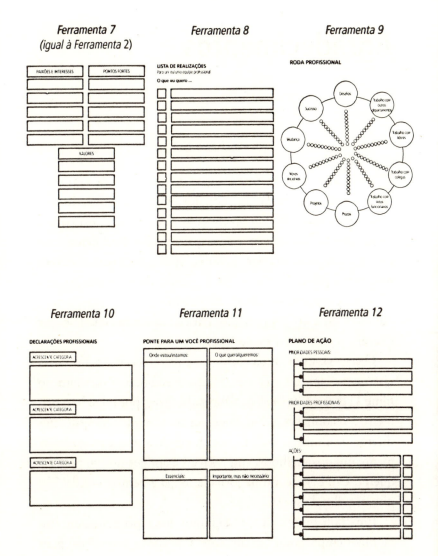

# Agradecimentos

Este livro nasceu de uma jornada de quarenta anos ou mais querendo exercer um impacto fortemente positivo, de meu desejo insaciável de compreender o que é necessário para a realização do que desejamos pessoal e profissionalmente, e de uma paixão profunda por ajudar equipes e empresas a criarem mudanças positivas por meio do poder de seus integrantes. Procurei criar uma mudança do foco inconsciente no que tentamos evitar e no que tememos para o foco intencional no que queremos individual e coletivamente.

GREG STIEVER, meu sócio, viu e reconheceu o valor dessa visão e me ajudou a construí-la para elaborar o conceito do filme *Veja carros vermelhos*. Obrigada, Greg, por ter sido o primeiro a reconhecer a centelha e por ser um líder corajoso, um diretor-produtor, cineasta, contador de histórias e verdadeiramente um dos melhores empresários e amigos que eu poderia querer. Um brinde a uma jornada longa e bem-sucedida. Tenho orgulho de ser sua sócia.

Em 2006, Greg e eu apresentamos nosso primeiro conceito de filme empresarial (atualmente *Veja carros vermelhos*) para

Joel Suzucki, da Star Thrower Distribution, uma distribuidora internacional de vídeos de treinamento e desenvolvimento e de produções multimídia. Joel acreditou no filme desde o início e sugeriu o nome *Veja carros vermelhos* e todos os aspectos do filme desde o início até o fim! Infelizmente, Joel perdeu sua batalha contra o câncer em agosto de 2009. Este livro é dedicado a ele. Apesar de seu falecimento, sua inteligência e sua bondade me guiaram por cada aspecto da criação deste livro. Sempre me lembrarei de Joel e serei grata pela fé que ele colocou em mim, em Greg Stiever e em nossa empresa, a On Impact. O filme *Veja carros vermelhos* começou a rodar na direção certa, criando consciência e convidando as pessoas a se concentrarem no que elas queriam em vez de se concentrarem no que estavam tentando evitar. Agradeço a Melanie Grant por sua excelente redação e insight, a Todd Adams e a todos os nossos amigos na Star Thrower por atuarem no filme tão habilmente! O filme e o conceito por trás de *Veja carros vermelhos* nunca teriam a audiência que têm sem vocês. Embora agradecida pelo sucesso do filme, senti a necessidade de me aprofundar no assunto e verdadeiramente ajudar as pessoas, as equipes e as empresas a criarem mudanças duradouras por meio da concentração e das ações na direção dos resultados positivos, na direção de uma atitude mental *Veja carros vermelhos*. É isso que este livro oferece.

Sou extremamente grata a David Marshall da Berrett-Koehler Publishing por ter visto o filme *Veja carros vermelhos* e estimulado Johanna Vondeling na Berrett-Koehler a elaborar nossa visão na forma do livro *Veja carros vermelhos*. É difícil colocar em palavras a gratidão que sinto por pessoas como David e Johanna, que viram o potencial de um conceito e o fizeram ainda maior e mais forte. Johanna desempenhou esse papel na minha vida e na visão de *Veja carros vermelhos*. Sua percepção apurada do todo combinada a um olhar minucioso para os pequenos detalhes fez muita diferença. Eu também sou grata por ser uma parte da missão da Berrett-Koehler de criar um mundo que funciona para todos, e valorizo muito a capacidade e o comprometimento de Neal Maillet, Jeevan Sivasubramaniam, Kristen Frantz, Katie Sheeran, Michael Crowley, Bonnie Kaufman, Richard Wilson, Dianne Platner e suas respectivas equipes. A Berrett-Koehler é uma empresa que opera com uma atitude mental *Veja carros vermelhos* em sua melhor forma!

Por toda a minha vida, fui abençoada por ter tantas pessoas que me apoiaram, tanto pessoal quanto profissionalmente. A sabedoria e o apoio que recebi deles são o coração deste livro, e as muitas histórias audazes de líderes apaixonados com os quais trabalhei são sua alma.

Estou profundamente agradecida pelas pessoas incríveis que realçaram minha vida e minha trajetória profissional por meio de milhares de conversas, sessões e interações. Este livro é o clímax de tudo que aprendi com vocês. Muito obrigada a:

Carol Anderson
Tim Anderson
Leo Bottary
David Chard
Tom DeBolt
Jim Dittmer
Adam Dustus
Michelle Florin
Tim Fuller
Lesa Hammond
Jeff Hurinenko

Gary Judd
Roz Keppler
Roger Kuehn
Peter Leyden
Billy McLaughlin
Carla Ness Luedtke
Amy Olsen-Zastrow
Dra. Nancy Perkins
Dra. Anne Perschel
Kris Peterson
Martha Pomerantz
Cali Ressler
Brad Roberts
Kristy Roberts
Russell Schoneberger
Tom Schultz
Anne Sharockman
Mark Sharockman
Jordyn Shellhart
Kim Smith
Mark Spanjers
Mark Stenion
Nick Tasler
Jodi Thompson
Dra. Ellen Weber
Tom Wojick
Cliff Young
Lisa Zigarmi

Agradeço a WENDY MEADLEY e a LAURI FLAQUER, que ajudaram a moldar nossos esforços de marketing com *Veja carros vermelhos* e a On Impact. Agradeço a DAYNA

Hanenburg, minha querida amiga de longa data e artista gráfica para a criação do Conjunto de Ferramentas Carros Vermelhos e a Jean Kindem por torná-lo uma ferramenta tão acessível e eficiente. E muito obrigada à nossa talentosa roteirista, Lily Coyle, por escrever o roteiro do filme *Veja carros vermelhos*, e a Bekki Freeman, que desenvolveu os aplicativos *Veja carros vermelhos*.

Acredito que a maioria dos autores estaria bem-servida por ter um editor ou escritor ao seu lado — alguém além dos editores da própria editora que são capazes de colocar as coisas em seu devido lugar e separar o joio do trigo, como dizem. No meu caso, isso foi uma necessidade! Conheço meus pontos fortes e conheço minhas fraquezas. A revisão editorial não é meu ponto forte, mas é o ponto forte extraordinário de minha fenomenal escritora de negócios, Diane Autey. Ela pegou meus segmentos desconexos transcritos do áudio e compôs capítulos bem-organizados e fluidos. Sem sua habilidade, honestidade e capacidade, este livro nunca teria sido escrito!

Como você viu neste livro, abordo a importância de três tipos diferentes de incentivadores na nossa vida. Fui abençoada com muitos. Novamente, para todos vocês, meus sinceros agradecimentos.

Muito obrigada por meus incentivadores "Já passei por isso": Don Tapscott, Billy McLaughlin e Robert Scott.

Obrigada à minha amiga e colega "Farei qualquer coisa por você" em jornada semelhante: Lisa Jansa, CEO da Exsulin Corporation.

E agradeço a vocês, meus incentivadores "Eu sempre amarei você, mas isso não significa que não discordarei de suas opiniões". Elas são as estrelas brilhantes com as quais me sinto privilegiada de compartilhar minha vida: Leah Jensen, Marcia Dolphin e minha irmã Sybil Judd.

Para meus filhos, Madi e Judd, que me inspiram todos os dias, estou muito orgulhosa dos jovens adultos surpreendentes que se tornaram. Nunca parem de se concentrar no que vocês querem! O mundo será um lugar melhor por causa disso.

E finalmente e de igual importância para meu marido, Rick Goodrich, que me apoiou a cada passo do caminho e é um exemplo claro de foco e de obtenção do que se deseja. Sou abençoada por ter você como meu marido.

# Notas

## Introdução

"Lei da Atração", Jack Canfield e D. D. Watkins, *A chave para viver a Lei da Atração — O que você precisa saber para ter a vida que sempre sonhou* (Rio de Janeiro: Objetiva, 2008).

"No livro Fora de série de Malcolm Gladwell", Malcolm Gladwell, *Fora de série — Outliers* (Rio de Janeiro: Sextante, 2008).

## Capítulo 1

"50 mil pensamentos", Price Pritchett, *O otimismo atrai o sucesso: As 12 práticas para reduzir o pensamento negativo e adotar a atitude de um vencedor* (São Paulo: Cultrix, 2009).

"20% são muito abertas e ficam animadas", entrevista com Price Pritchett no blog de Charlie Greer: "How to deal with change — An interview with Dr. Price Pritchett".

"MITA Brain Institute", Ellen Weber, Blog: "Expect Neuron Pathways to Dynamic Solutions", em www.brainleadersandlearners.com/serotonin/expect-neuron-pathways-to-solutions; MITA Brain Institute (2009), em http://www.mitaleadership.com.

"duas crenças comuns atrapalham", Peter M. Senge, *A quinta disciplina — Arte e prática da organização que aprende* (Rio de Janeiro: Best*Seller*, 2000).

"*A quinta disciplina*", Peter M. Senge, *A quinta disciplina*.

"medo e preocupação", Ellen Weber, Blog: "Expect Neuron Pathways to Dynamic Solutions".

"50 mil pensamentos", Price Pritchett, *O otimismo atrai o sucesso.*

"*No meio do fogo cruzado*", Larry Dressler, *No meio do fogo cruzado — Conduza conflitos empresariais com sucesso* (São Paulo: Prumo, 2010).

"neurônios-espelho", PBS, *Nova Science Now*, "Mirror Neurons" (2005), em www.pbs.org/wgbh/nova/sciencenow/3204/01.html.

"Army War College", Bob Johansen, *Leaders Make the Future: Ten New Leadership Skills for an Uncertain World* (São Francisco: Berrett-Koehler, 2009), p. 1-14.

"20% são muito receptivas e motivadas", entrevista com Price Pritchett no blog de Charlie Greer: "How to deal with change — An interview with Dr. Price Pritchett".

"os cinco critérios", entrevista com Price Pritchett no blog de Charlie Greer: "How to deal with change — An interview with Dr. Price Pritchett".

## Capítulo 3

"*StrengthsFinder 2.0*", Tom Rath, *StrengthsFinder 2.0* (Nova York: Gallup Press, 2007), p. 11-13.

"*Descubra seus pontos fortes*", Marcus Buckingham e Donald O. Clifton, *Descubra seus pontos fortes* (Rio de Janeiro: Sextante, 2008).

"da Deluxe Corporation", Nick Tasler, Conversa, 2010 Deluxe Knowledge Exchange; ver www.deluxeknowledgeexchange.com.

## Capítulo 4

"Don Tapscott", Don Tapscott, coautor de *Wikinomics* e *Macrowikinomics*, Discurso, Mineápolis, 2010.

"On the Edge of the Digital Age", Peter Leyden, *On the Edge of the Digital Age*, série de quatro partes do jornal, 1994, em http://ww2.startribune.com/stonline/html/digage/logfx.htm.

"Jeffrey Hurinenko", Jeffrey Hurinenko, TV: "Art Is A Journey", em *Life to the Max* (www.lifetothemax.tv; para Life Touch, acessar www.lifetouch.com); para a obra de Jeffrey Hurinenko, acessar www.jeffreyhurinenko.com.

"meros 20% da força de trabalho", Marcus Buckingham e Donald O. Clifton, *Gallup Management Journal*, "The Strengths Revolution", em http://gmj.gallup.com/content/547/the-strengths-revolution.aspxreplace.

"O futurologista Jim Carroll" Jim Carroll, Blog, "10 Things That Are True about the Future" em www.jimcarroll.com/blog/2010/03/10-things-that-are-true-about.html.

"Anne Perschel" Anne Perschel, *Germane Consulting* blog, "Good Leaders See into the Future", em http://germaneconsulting.com/good-leaders-see-into-the-future.

"Ambiente de Trabalho Exclusivamente Focado em Resultados (ATEFR)", Cali Ressler e Jody Thompson, *Chega de tédio!* (Rio de Janeiro: Campus, 2008).

## Capítulo 5

"O escritor Daniel Pink", Daniel H. Pink, *Motivação 3.0 — Os novos fatores motivacionais para a realização pessoal e profissional*. (Rio de Janeiro: Campus, 2010).

"ilustração de tensão de Peter Senge", Peter M. Senge, *A quinta disciplina*.

"do princípio de Pareto", Richard Koch, *O princípio 80/20 — O segredo de se realizar mais com menos* (Rio de Janeiro: Rocco, 2000).

## Capítulo 6

"aproximadamente 70% de seus pensamentos", Price Pritchett, *O otimismo atrai o sucesso.*

"Em *Motivação 3.0* de Daniel Pink", *Motivação 3.0.*

## Capítulo 7

"Nick Tasler", Nick Tasler, "Prime Your Mind for Action", *Business Week*, citando Shelley Taylor e Peter Gollwitzer, em www.businessweek.com/managing/content/nov2009/ca2009113_110290.htm.

"*O cérebro que se transforma*", Norman Doidge, *O cérebro que se transforma: Como a neurociência pode curar as pessoas.* (Rio de Janeiro: Record, 2011).

"Em *Primeiro o mais importante*", Stephen Covey, A. Roger Merrill, e Rebecca R. Merrill, *Primeiro o mais importante.* (Rio de Janeiro, Sextante, 2008).

"*The Little Scholl System That Could*". Daniel L. Duke, *The Little School System That Could: Transforming a City School District* (Albany: State University of New York Press, 2008), p. 1-8.

## Capítulo 8

"famosa história da catedral", Irmã Joan Chittister, *The Rule of Benedict: Insights for the Ages* (Nova York: Crossroad, 2002).

"meros 20% da força de trabalho", Marcus Buckingham e Donald O. Clifton, *Gallup Management Journal*, "The Strengths Revolution, em http://gmj.gallup.com/content/547/the-strengths-revolution.aspxreplace.

"Somente 32% das empresas", Segundo Sarah Sladek, presidente e CEO na Limelight Generations, Entrevista em Generations, 2010.

## Conclusão

"canção de Jordyn Shellhart", Jordyn Shellhart, melodia, letra: Rick Barker, Britton Cameron, música de Jordyn Shellhart: "Save the Neighborhood" (2009).

## Fontes adicionais

Ed Oakley e Doug Krug, *Enlightened Leadership: Getting to the Heart of Change* (Nova York: Fireside, 1991), Capítulo 5, "Looking at Focus".

Nancy Perkins (1931-2003), Curso: Ênfase na aprendizagem!

Vickie Halsey, Ph.D., especializou-se na criação de estratégias baseadas no cérebro e na aprendizagem acelerada, Kenneth Blanchard Companies, em http://www.kenblanchard.com/About_Ken_Blanchard_Companies/Keynote_Speakers/Victoria_Halsey.

Pam Richardson, *The Life Coach: Become the Person You've always Wanted To Be* (Londres: Hamlyn, 2004).

Dawn Brewer, ferramenta de treinamento da Roda da Vida em http://personaldevelopment.suite101.com/article.cfm/what_is_a_wheel_of_life.

Marsha Freedman, "Visualize Your Success! Power Up Your Mind for Positive Outcomes", em http://www.internetviz-newsletters.com/PSJ/e_article001084685.cfm?x=b11.0.

Gina Trapani, "How to Mitigate Urgent to Focus on the Important" *Harvard Business Review,* fevereiro de 2009, em http://blogs.hbr.org/cs/2009/02/how_to_mitigate_the_urgent_to.html.

Este livro foi composto na tipologia Adobe Jenson Pro,
em corpo 12/15 e impresso em papel off-white no
Sistema Cameron da Divisão Gráfica da Distribuidora Record.